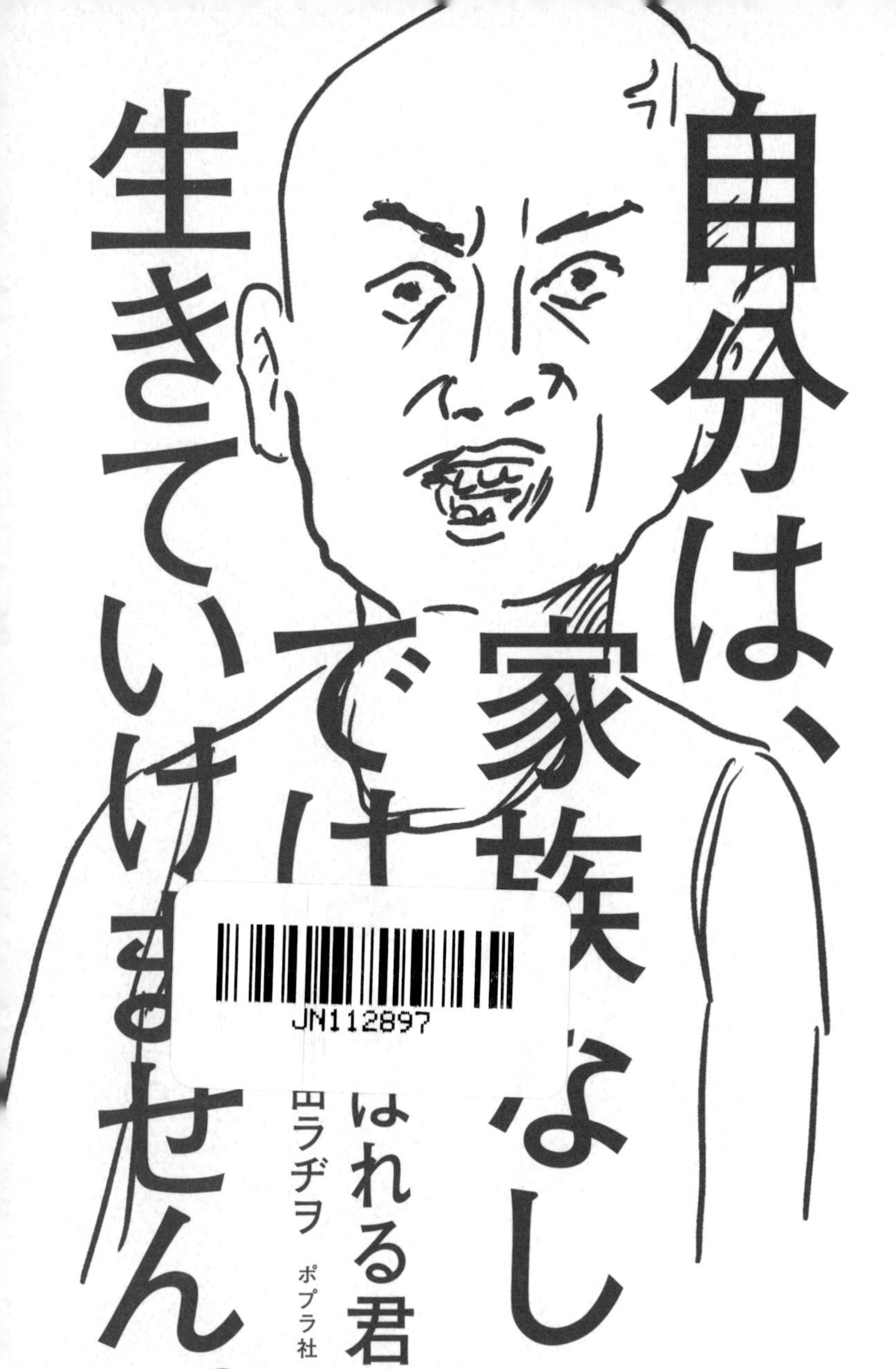

自分は、家族なしでは生きていけません。

はれる君
田ラヂヲ

ポプラ社

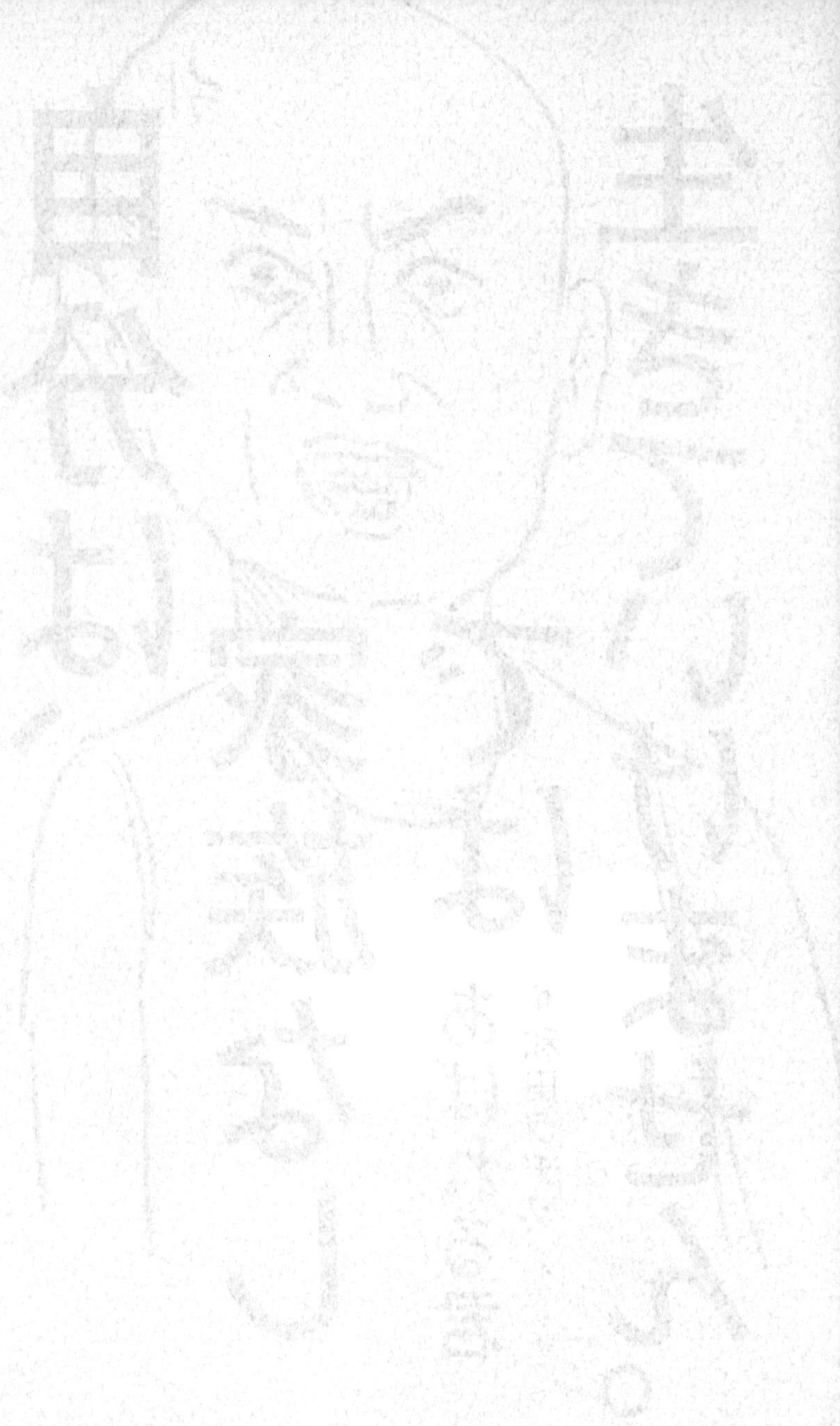

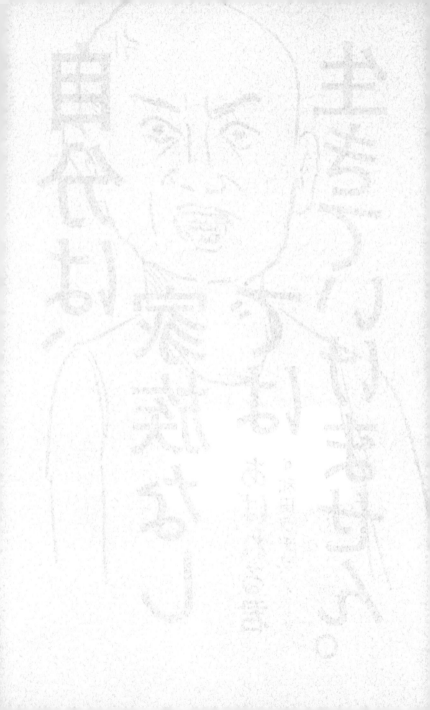

自分は、家族なしでは生きていけません。

はじめに

この本を手に取っていただきありがとうございます!! あばれる君です。

そして毎日、仕事や子育てを乗り越えている同志のみなさま、おつかれさまです。

ハードなロケが終わって家に帰ってきたとき、自分にとってなにがいちばんの癒しか考えました。それは家族と一緒にいる時間でした。あたたかいカーペットの上で子どもたちとじゃれあっているとき、この瞬間のために生きているとさえ感じてきました。

なので今回、初挑戦のエッセイは自分を支えてくれた家族に焦点を当てました!

同世代の親御さんたちとも共感できるエピソードが満載、とまではいきませんがたくさんあると思います。

田舎から出てきて都会でがんばる人。週のはじめに疲れた体を起こして出勤してがんばる人。小学生の子を持つ人……。忙しい毎日を過ごしている中で、ほんの少し空いた心の穴をやんわりと塞ぐ役目ができたなら、もう自分はじゅうぶんであります。

37歳になって、やっと家族のありがたみを感じる精神が育ってきました。皆さんはどうですか？

もしその精神を忘れかけている人がいるのなら、余計なお世話ですが、毎日働いて、ご飯を作ってくれて、学校行事に来てくれて、遊んでくれた家族への感謝の気持ちを思い出してください。社会がそんな気持ちで溢れたらとってもあったかいじゃないですか。

未来ある子どもたちが幸せまみれになりますように。

ということで私の初エッセイ本、どうかお付き合いよろしくお願いします!!

デザイン：佐藤亜沙美（サトウサンカイ）

目次

ゆかちゃんとの出会い

僕の人生を語る上で欠かせない人といえば、それはもう奥さんであります。

出会ったのは17歳。もう人生の半分以上を一緒に過ごしています。僕は当時、見た目やオシャレに自信がありませんでした。おまけに必要以上に身の程をわきまえすぎる癖があるので、女子に対して自信満々に話すことができなくてモジモジするのが定石でした。

そんな思いで生活していても一応、恋愛相手を探すわけです。なるべく女子と話したり、冗談を言って笑わせたり。そうしてメンタルを鍛えてたどりついた境地。

自分の中の恋愛成就の神様がこう言いました。

「これぐらいなら付き合えるというレベルを狙え」と。


その神の啓示は衝撃でした。

なるほど。高みを目指して好きな人を探すから、現実とのギャップで辛いのか。

ならば、はなから
「これぐらいのレベルなら話しても緊張しないぞ。」

「ああ。なんだ。この人ならぜんぜん目を見て話すことができるぞ。」

「枝毛だ。髪の毛が枝毛だらけだ。」

という人を恋愛対象にすればかなり楽なはずです。


本当に失礼な話ではありますが、自分が言ったのではなく神様が言ったので仕方がありません。そんな心構えで毎日を送っていると前よりも学校が楽しくなりました。冗談も言えるし、まわりには笑顔が溢れている。前よりも強い輝きを僕は手に入れたのです。

とある休み時間、向かいの廊下から5〜6人の女子グループが歩いてきます。しかもそのグループは学校一可愛い、1つ上の先輩が中心となった集団です。

前なら踵《きびす》をかえして掃除用具入れに隠れ、嵐が過ぎ去るのを待ったはずです。

しかし、昔の僕とは違うのです。

（僕じゃ到底付き合えないから君たちにはぜんぜん興味がないんだよぉ……!!　残念だったなぁ……!!）

心の中で唱えながら、僕は深く息を吐き出し、当然の権利を行使するべく、すれ違いざまにグループのまわりのいい匂いがする空気を思いっきり吸い込む準備に入りました。

距離は近づき、いよいよすれ違う瞬間。

（さぁ。時間だ。我が肺よ!!　我が輩に感謝せよ!!）

そのときでした。呼吸が荒く乱れ、僕の頬は紅潮し、時が止まったかのような感覚に陥りました。その一大勢力の中の天真爛漫に笑う女の子に目を奪われたのです。

それがゆかちゃんでした。

電撃は身体中を駆け抜け、鼓動は祭り太鼓のように荒ぶり、神様がこう叫びました。

「このレベルならお前でも緊張しないで話せるだろう！　この子を狙え……！！！」

僕じゃなく神様が言ったんですよ。

これがゆかちゃんとの出会いです。（実際はめちゃキャワイイですよ。）

なんとまあ神様は失礼なことをおっしゃるのでしょう。

しかし、この心の神様のおかげで、ゆかちゃんと共に人生を歩むことにもなるのです。

自分は、やさしいゆかちゃんの気持ちをないがしろにしていました

このレベルなら緊張しないで話せるというのがきっかけでしたが、結果的に付き合うこととなり、僕は人生を切り拓き助けてもらう最強のパートナーを、17歳にしてもう手に入れてしまったのです。

なぜ僕と付き合ってくれたのかをゆかちゃんにきくと決まって、「お笑い芸人になるって言ってたからだよ」と言います。

ゆかちゃんは長女で昔ながらの農家出身。厳しく育てられたらしく、高校の文系か理系かへの進路選択の際も、つぶしが効くはずだと理系に進むようにお父さんに決め

られたようです。そして、お母さんの職業を追うように看護師の学校に通うことが決定事項となっていました。

おそらくですが、ゆかちゃんはしっかりと決められたルートを歩むのが少し嫌だったのです。そこにお笑い芸人という夢を持つ僕が現れて、もしかしたら第2の夢を僕に託したのかもしれません。


かといって僕の家が厳しくなかったわけではありません。

当時の両親は僕のお笑い芸人になるという言葉を真に受けてなかったし、オーソドックスな世間体を核としたゆるがない価値観の中で育てられました。

そんな完璧主義の家庭環境の反動からか、とにかく僕はゆかちゃんに夢を語りました。ゆかちゃんは僕のほぼ妄想である夢のまた夢の話を、うんうんと自分のことのように喜んで聴いてくれるのでした。


ゆかちゃんが1年先に高校を卒業して、地元福島の看護学校に進みました。僕も高校3年生。そこから1年は、ゆかちゃんの軽自動車という移動手段も手に入って、本当に楽しく過ごしました。
しかし、僕がこれから大学のために東京へ行き、新たな環境で新たな友達を作るために目を輝かせているのを見て少し寂しそうにしていました。看護学生がギリギリのスケジュールで勉強しながら、大都会へ出ていく彼氏を見守るなんて不安が押し寄せてくるに決まっています。

大学へ進学すると同時に遠距離恋愛が始まりました。と言っても僕が福島県に会いに帰るようなことはなく、ゆかちゃんが来たければ来なよという横柄なスタンスでした。僕も東京で同級生や先輩にカッコつけるのに必死だったのです。勉強の合間を縫って働いて、アルバイト代を貯めてやっとの思いで訪ねてくるゆかちゃんをないがしろにしていました。

でもさすがに誕生日を無視するわけにはいきません。
ゆかちゃんの誕生日当日。大学の友達とラップをやっていた僕は、看護学校の昼休みを狙い、サプライズで自作のラップをＭＤに録音して届けました。

なぜかゆかちゃんのクラスメイトにバレていて、みんなに囲まれながらMDを渡し聴いてもらいました。

恥ずかしそうにゆかちゃんは笑っていました。

なんでお笑い芸人なのにラップなの？　という顔がほんの少し垣間見えました。

あばれる家の日常①

12月4日。声枯れが長引く。
のどにポリープができてきたらしい。
成長過程のやつ。
なんか家族が増えた気分だ。

ばあちゃんのカレイの煮つけ

人口が5000人ぐらいの町の福島県の実家に帰りました。夏休みの思い出がたくさん詰まった場所です。山に囲まれ、湿気がすごく、花粉も飛びます。幸いにも僕は花粉症ではないのが救いです。

小学生の夏休みは恒例のお泊まりで、ばあちゃんとじいちゃんが世話をしてくれました。田んぼの側溝でザリガニを捕り、家から物置へと変わった作業場でシソの出荷を朝5時から手伝います。この作業場を不動産の見出し風に言うなら、

ほったて小屋の屋根あり床なし直接地面物件。築数十年。隣人にカメムシいます。

父が中学生ぐらいまでは大家族でそこに住んでいたと聞いて、現代っ子の僕は怯みました。「3K」どころでは済まないのです。（きたない、口に砂入ってくる、暗い、ここにクマ出てもおかしくない……）

じいちゃんとばあちゃんはタフでたくましかったです。

正月やお盆は、さまざまな親戚がポロポロと集まっては解散していきます。

いつもはナスの自家製味噌炒め（自家製みその香りがいい）とか、白菜の漬物（酸っぱくてうんまい）など素朴な料理を作ってくれますが、お客さんが新年の挨拶に来る正月はひと味違います。

そのときにだすばあちゃんの料理は決まって、タコの刺身とカレイの煮付けでした。このカレイの煮付けが本当に絶品でした。

てらてらと茶色く輝く甘くて旨い煮付け。見た目は綺麗に盛り付けてありますが箸では持てないほどの柔らかさなのです。

よく、テレビの食リポで「柔らかくて歯がいらない」という表現がありますが、そんな生ぬるい表現では、ばあちゃんのカレイの煮付けは言い表せません。僕に言わせれば、「口がいらない」です。
いきなり消化器官にぶち込んでもなんら支障はないように思えます。直接、直腸でも大丈夫です。そんな柔らかさなのです。

食べるという表現にも、もはや違和感があります。
食べるというよりは「吸う」というほうが近いです。

しかしこの絶品カレイは来客用。僕がありつくためには、酒ばかりを飲んであまり料理に手をつけないで帰っていくギンシロウオジチャンの存在が必要でした。
このギンシロウオジチャンは、僕が小学1年生のときから必ず2000円のお年玉をくれる上客でした。でも高校生になってもお年玉は据え置き2000円だったので上客とは呼べなくなりました。

ギンシロウオジチャンがきたら、掘りごたつのテーブルの料理の動向を見守り、ひたすら祈りました。タコは食べてください。カレイには手をつけないでください。神様に祈りが届いてまっさらな煮付けを食べることができたときは、仏壇のチーンを打ち鳴らし、ひざまずいてすべての先祖に感謝しました。

ばあちゃんが亡くなってから気づきましたが、家族の誰もそのカレイの煮つけのレシピを細かく受け継いでいなかったのです。家族はそれぞれに料理に自信があるものだから、あたしなら、僕なら、いつでも作れるという慢心があったに違いありません。仏壇にレシピを問いかけますが、線香の香りしか返ってきません。

じいちゃんが、内臓の調子が悪いと言ってアロエを直喰いしていたテクニックは真似したくないのですが、祖父母はカレイだけじゃなくて他にも目からウロコの知恵をもっていたはずです。もっといろいろきいとけばよかった。ああもったいない。

僕もなんとか味を似せて作りますが、ばあちゃんの味には到底およびません。あの旨みと甘みと柔らかさは再現できないのです。

ばあちゃんのカレイの煮付けが、フカフカの羽毛布団ならば、僕のカレイはコンクリートです。言いすぎたかな。

自分は、芸人としてやっと動き出したのです

ついに厳しい看護学校を卒業したゆかちゃんが名門の病院に看護師として就職し、東京にやってきました。僕が大学3年生のときです。

しっかりと働いている彼女と大学生。これはもう、デート代や食事代など、どちらがお金を払うのかは火を見るより明らかです。

僕はいつも安心して食べました。安心して食べて食べて食べまくりました。

追加注文で重ねられた伝票をレジに持っていくとき、ゆかちゃんはそっとお金を伝票に挟んで店側にはあたかも僕がお会計をしているかのように振る舞ってくれるので

した。僕がカッコつけたいがために「店側に僕がお会計してるようにみせたい」と頼んだからです。ゆかちゃんは、別に疑問を挟むわけでもなく、
「はいはいはい……。なるほどね……。うんうん。」
と僕の意図を受け取ってくれるのでした。

これは先の話ですが、ゆかちゃんと後輩芸人と一緒にご飯を食べたときは、お会計時に机の下からお金を渡してくれました。きっと後輩からは貧乏なくせに羽振りがいいと思われていたと思います。僕は後輩にご飯を奢っているように見せながら、ゆかちゃんに奢られていたのです。

親から家賃と仕送りをもらい、デート代はゆかちゃんに出してもらえる夢のような大学生活が永遠に続いてほしいとさえ考えたこともあります。

大学3年生の後半、まわりは就職活動で忙しくしている中、僕は本格的にお笑いの道へ入っていきます。そんなとき、ネットでとある相方募集の掲示板を見つけました。そこでアマチュアお笑い団体が団員を募集していました。

「根性ある人、やる気ある人募集」という文字から漂うシンプルかつスパルタな薫りに少し惹かれたのです。

当時の僕は、お笑い芸人としての第一歩が踏み出せることで血気盛んでした。どんな環境であろうと、ある程度の厳しさは夢のためにじゅうぶん受け入れる覚悟ができていました。そこで僕は、1年ぐらいのヤバい修行期間を過ごすのです。

詳しくはまた別のところで書きますが、そのヤバさを先にひとつあげるとすれば、「ライブが終わったあと、団長が自分よりウケた団員に毎回すごくキレる」ことです。

しかし、お笑いを学べているという現実がなにより楽しくて、苦しみを余裕で凌駕《りょうが》していました。そんな団体の厳しいチケットノルマを達成するために、ゆかちゃんは友達を連れてライブを観に来てくれたりしました。

ゆかちゃんが一度、お母さんを連れて観に来たときがあります。

「給食費を盗んだ生徒を、家庭環境から勝手に推測する教師のコント」をやり終わったあと、口を開かずものすごくやさしい目をする2人を見て、勘違いの手応えを感じたのを思い出します。今思えばあれはコントのセリフに引いていた表情でした。

でも、舞台でネタをやる僕を見て、ゆかちゃんは照れくさそうに、嬉しそうに、見守ってくれるのでした。やっと動き出した僕を喜んでくれたのだと思います。

厳格な父に育てられました

僕は社会科の教員免許を持っていますが、教師という仕事はすごいものだと感じています。その職業を43年以上続けたのが僕のお父さんであります。

福島の冬は厳しく、大雪も降るしフロントガラスも凍ります。布団から出ることに恐怖すら感じる日でさえも、お父さんは同じ時間に同じ表情で出勤していきます。

僕はよく「身体を張っていてすごいね」とお褒めの言葉をいただくことがあるのですが、僕からすれば、全国各地の教職の方々のほうがよっぽどすごいです。

お父さんの朝の動きは完全に決まっていました。無表情で顔を洗い、四角いメガネをかけて、神棚に向かって二礼二拍手一礼。その手を打つときの音は、家中に響き渡るような破裂音でした。神様への気持ちが、そうさせているのでしょうか。

僕が自分のお小遣いでギターを買ったときのことです。

間髪をいれずに父は、「音楽だけでは食べていけないことを詠ったポエム」を書いて僕の部屋のドアの下からすべり込ませてきたのです。「野球をやっていた息子が音楽に走った」という書き出しでした。それを読んで僕は涙が出ました。

(軽い気持ちでギター買っただけなのに。)

真面目だった父は、僕がギターを買ったことがショックだったのでしょう。写真を怖がる明治時代の人と同じ心情でしょう。

その後から大きな買い物をするたびに父の反応を想像して気にするようになってしまいました。どんなポエムが飛んでくるのかビクビクしていたのです。

スケボーを買ったときは目立たないように戸棚の奥のほうにしまいました。ギターであんな量の投書をしてくるのだからスケボーなんか見たら、「文明開花の音がする!!」と叫んで切腹する勢いです。とにかく父を刺激しないようにしました。

そんな父も丸くなった背中で、今日も同じ時間に神棚に向かって手を打っています。

自分は、インターハイにも出場した山岳部のキャプテンです

高校1年生で野球部を辞めた僕は、放課後に暇を持て余していました。そんな僕をみかねた先生が誘ってくれたのが、山岳部です。きっかけは、「わりと今からでもインターハイを目指せる部活がある。山岳部だ。入らないか?」の言葉でした。誘ってくれた先生の目は真剣でした。

一体どうやって競うのかという疑問があると思います。基本的には、山の登り方やマナー、テントを立てる速さ、献立の栄養バランスなどで競います。100点の持ち点から減点方式で、より高い点数を保持したチームが上に行くことができるのです。

他にも登山計画のしおりの出来具合や、装備の持ち物の確認、読図などけっこう細かいところまで厳しいのであります。


夜ご飯を見回る審判がいて、僕のパーティは堂々とカレーを作って見せつけましたが、渋い顔をされました。そしてその審判は、悲しそうな顔をしてこう言ったのです。

「君たちのチームに足りてないものはわかるか……？　サラダだ。」

「な、生野菜ですか⁉」

「カレーにはジャガイモが入っています！」

などと上官に意見する兵士のように食い下がったチームメイトを必死になだめました。審判への態度もおそらく点数に反映するからです。


しかし、それでもなんとか予選を勝ち抜いた僕たちは、真夏の島根の山で行われる4泊5日の地獄の全国大会、２００４年中国地方総体に出場できたのであります。そこで僕は、とてつもない問題を起こしてしまいました。

長い長い登山の道中、だんだんお腹が痛くなってきたのです。
僕は勇気を出して「先生、トイレに行かせてください!!」と言って山道を駆け上がりました。死を悟った動物が飼い主から離れて行くように、僕も腹痛の限界を悟りチームの隊列を涙ながらに離れたのです。

(今までありがとう。顧問の先生によろしくな。)

心の中で呟き、山を駆け上がりました。しかし、僕のケツに余力は残っていませんでした。力無きケツ。

結局我慢できずに、よくテレビで見る藤原竜也さんのモノマネをする芸人たちのように叫びながら、すべてを出してしまったのです。よりによって道のど真ん中で。

(それじゃ……行きますか。)

自分でも驚くほど急に冷静さを取り戻した僕は、大切な愛息子にタオルケットをかけるように、「ソレ」に笹の葉をそっと被せて両手を合わせました。

（決して見つかるなよ……。）

なに食わぬ顔で隊列に戻りました。なにも知らない全国の高校生と先生方は山を登り続けます。

しかし、おそれていたことが起こりました。

笹の山を見つけた大会委員長が腕を組んでその場で立ちすくんでいたのです。

怒りなのかなんなのか、その体は少し震えていました。

もはや「ソレ」が見つかるのは時間の問題でしょう。

「47都道府県のリーダー全員集まれ!!」という号令と共にそれぞれのキャプテンがその笹の葉を中心に輪っかになりました。

僕はこの場合、公式ルールや今までの経験から何点減点されるのかと計算していました。

重い口を開いた先生は、その笹をめくってこう言いました。

「この量、この温かさ。近くにクマがいます!! ルート変更!!」

僕は必要以上に強くうなずいて、誰よりもクマよけの鈴を鳴らして隊列に戻りました。

スマホはおそろしい

スマホに取り憑かれました。

狭い画面の奥に無限に広がるテーマパーク。アプリを開けば一瞬でそこへ連れて行かれてしまいます。好きなものをクリックしたら、機械が好みのニュースや食べものを次から次へとおすすめしてきます。こっちから逃げないと離れられないと思いました。

山の中にキャンプに行ってエゴサーチしていることに気づいたときは、さすがに虚しさを感じました。なにをしているんだ自分は。自然と触れ合いに来たつもりだったのに、いつのまにかみずからネットの蜘蛛の巣に飛び込んでいたのです。

これは、旅館の中で、ずっとジーパンで過ごすようなものではないか？

コンサートに行って耳栓をするようなものではないか？
そんなたとえが思い浮かびました。

スマホはおそろしい。
エレベーター待ちでもスマホ。
電車の中でもスマホ。
食事中でもスマホ。
こんな状態でいいわけがない。

スマホから離れなければなりません。とにかく触らないようにしました。
意識してはじめてわかりましたが、すぐスマホに手が伸びそうになります。思い切って見えないところへ置くようにしました。ソファーのクッションの下や食器棚の上です。これはけっこう効果的でした。だんだんスマホの存在を忘れる時間が多くなってきたのです。

　ある朝、スマホをどこに置いたか完全に忘れました。家を出なければならない時間も迫っていて、少し前までだったらパニック状態になっているところです。ところが、「でもまあ家の中には確実にあるし。今日はスマホなくてもいっか」という驚きの考えが脳に浮かんだのです。すばらしい。自分で自分を抱きしめてやりたいぐらいでした。

　しかし、家を出てエレベーターに乗った直後、もうすでに自分が乗った階のボタンを連打していました。出発してすぐ「やっぱスマホないとなあ……」と思い引き返したのです。スマホの勝ちでした。

あばれる家の日常②

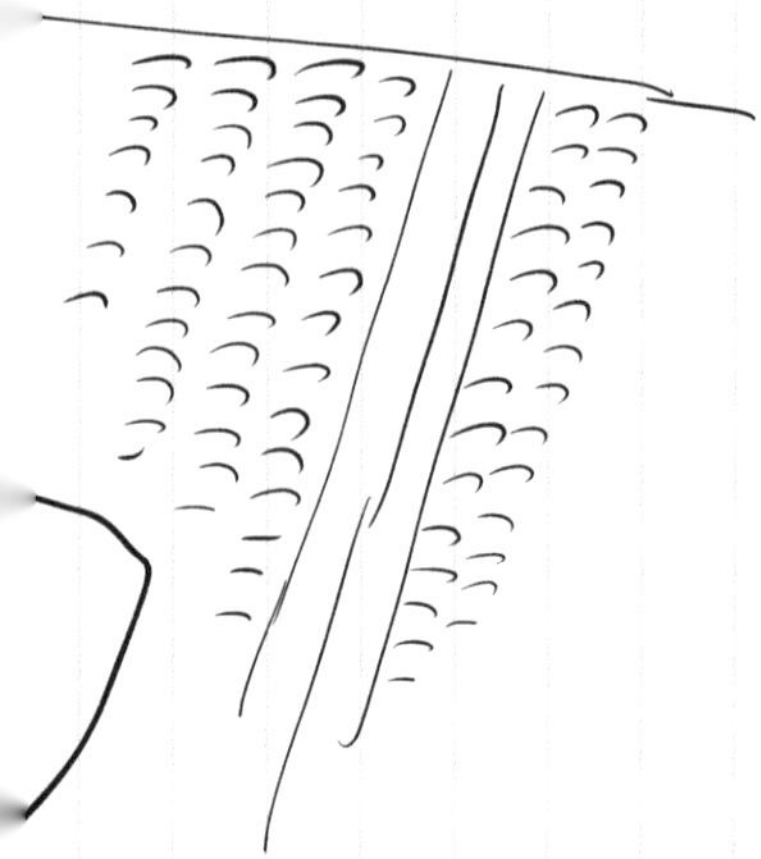

気づけば
スマホばっかり見て時間が過ぎる。
どれだけの景色を
見落としてきたんだろうな。

お笑い修行の1年

僕がお笑いの修行をはじめた場所の話をしましょう。

きっかけは相方募集掲示板の「団員募集」の文字。指定された最寄り駅に着くと改札に迎えにきてくれたのは、メガネをかけた、前髪が薄く、顔が赤黒い痩せた男の人でした。Uさんとします。

「最近来る人、すぐやめて根性ないけど君は大丈夫っすか？　劇場あるんで先輩に挨拶に行きましょう。」

Uさんの声色を聞いて顔を見たら、「疲れているし食も偏っていますし不規則な生活してますしタバコ吸いますし寝不足ですしめちゃくちゃ貧乏です」と書いてありました。

スタスタ歩くUさんに連れられて辿り着いたのは、舞台付きの居酒屋。とうとう僕は、芸人人生の一歩を踏み出したのです。

メンバーは団長を中心に5人ぐらいで、その中で新しい人が出たり入ったりという感じでした。そこでは本当に辛かった思い出のほうが断然多いですが、そこそこ楽しかったです。

お客さんがはけてから深夜、お笑いの特訓がはじまります。

中でも忘れられない特訓が「顔面洗濯バサミ」です。ヒモがついた洗濯バサミを顔にいくつもつけます。ヒモが引っ張られて洗濯バサミが顔からとれたときに、おもしろいリアクションをするというものです。

深夜から明け方にかけて何度も繰り返しリアクションの練習をします。ソレを団長が見てあれこれ言うのです。最悪です。

Uさんは、副団長的な立ち位置で団長から厳しくお笑いを教えられていました。その「顔面洗濯バサミ」も何度もさせられていました。

今思えば信じられない集団ですが、当時、生まれたてのアヒルがはじめて見たものを親だと思うように、僕はまっすぐなんの疑いもなく、その洗濯バサミを何度も顔につけてはヒモを引っ張り外すことを繰り返したのです。

みんな顔がかさぶただらけでした。Uさんの顔色が、毎日少し赤黒がかっていたのはこのせいだとそのとき気づきました。

「これは、何回も練習するものですか？」

ときくとUさんは、

「ああ。疑問は持つなよ？」

と返されました。へんな奴らに会えてゾクゾクしました。

ライブのチケットは駅前で手売り。朝8時の通勤ラッシュでは、道行く人々に声をかけながら朝から晩まで売り続けました。

唯一Uさんは居酒屋に住み込みで活動していたので、夜は説教で眠らせてもらえません。団長の目が届かないチケット売りが休息の時間になっていました。駅前の喫煙所でしっかりと8時間睡眠をとる人を見たのははじめてでした。

ライブ当日、理由はわかりませんがUさんはまた団長の逆鱗《げきりん》に触れて、ネタのコーナーでネタをやらずにトークで繋いでこいという、なんのトレーニングかわからない指令を受けていました。

僕は、不安に思い、

「なんでこんなことになるんでしょうね。」

と声をかけるとUさんは、

「ぜんぜん大丈夫だ。」

と言い残し、おもむろに居酒屋の排水口の蓋と消しゴムをポケットに入れ、袖から舞台へ歩いて行きました。

案の定、トークで間が持たなかったUさんは、起死回生と言わんばかりに排水口の蓋を舐めて消しゴムを食べました。それをみて泣き出すお客さんがいました。

その夜、お腹を抱えてうずくまるUさんを見て、これがお笑いなのか？　と僕は少し疑問を持ちはじめました。

「芸人」になった日

疑問を持ちはじめると、日に日にその気持ちは大きくなっていって、僕の目は劇場の外の世界に向いていきました。水槽で飼われている魚が、広い海の話を聞いて憧れを抱いたようなイメージです。

そのとき耳に入ったのが、今の事務所が主催している大学生のためのお笑い大会でした。出場するほとんどの大学生芸人は大学のお笑いサークルに所属していました。ハナコの岡部など、数々のコント芸人を輩出した早稲田大学のお笑いサークルや、法政大学のお笑いサークルなどがひしめき合う中、野良でお笑いをやっているのは僕ぐらいでした。

まわりを見回すと、みんな和気藹々《あいあい》と楽しそうにお笑いをやっています。お笑いの世界は孤独で、苦しんで乗り越えるものだと思っていた僕は、こんなに楽しくやっていいいんだ、というとてつもないカルチャーショックを受けたのを覚えています。高速道路から一般道路に降りたような、熱いサウナ室から外へ出たような、妙な安心感がありました。

僕のネタは、先生のモノマネとあるある。会場ではなかなかのウケ。厳しい場所でのお笑い修行はなんだかんだ無駄ではなかったのです。存分に力を発揮できました。結果的には、審査員特別賞。審査員だったBOOMERの伊勢さんに「君は僕と同じ匂いがする」とコメントしていただきました。はじめてプロの芸人さんに褒めてもらい、忘れられない1日になりました。

養成所には特待生という形で入ることができ、劇団から僕は飛び立ちました。

その日の帰り道、ライブを観にきていたゆかちゃんは満足げでした。

その顔を見て僕も満足でした。

ゆかちゃんが泣いた

養成所を卒業し、無事に事務所の預かりになりプロの芸人としての一歩を踏み出すことができました。しかし、バイトをしてもなにをしても時間が余ります。

ゆかちゃんは名門病院に勤め、夜勤日勤の繰り返し。とくに、日勤は電車で座って行きたいという理由でかなり早い時間に家を出て行きました。

そんな中、僕は夜通しの飲み会からの帰り道、出勤するゆかちゃんと最寄り駅ですれ違い肩をすくめる日々でした。


午前中で終わる公衆トイレ掃除アルバイトの日給は8000円。時間の余る午後は、パチンコに行きます。稼いだお金は30分ぐらいで無くなってしまいます。家賃の支払いは折半からゆかちゃん持ちになっていきました。

たまに、ギャンブルで成功して2万～3万円を自慢げにゆかちゃんに渡すと、ゆかちゃんは戸棚にはしまわず枕元にそのまま置いておくのでした。多分、すぐにお金が必要になって、僕がせびりに来るのがわかっていたのでしょう。

案の定、渡したお金を僕は次の日、ポケットにしまうのでした。

とある日、日勤から帰ってきたゆかちゃんは、感情が溢れてしまいます。なんでお金がないのとシクシク泣くのです。稼いだ日給は、パチンコで無くなったと伝えました。

ハードな日勤と夜勤を繰り返し、仕事で人を支えて、家に帰っても収入が安定しない僕を支えなくてはならないのは本当にかわいそうだなとそのときはじめて思いました。恥ずかしながら、それまで人の気持ちを考えるなんてことはまったく頭になかったのです。ゆかちゃんの夢まで俺が背負ってるんだから働いてくれという傍若無人な発想でした。ゆかちゃんのやさしさも限界に近づいていていました。

そのとき、自分の人生、本気でやらなくてはいけないと気づくのです。

子どもの寝顔

地方ロケが多いため、比較的僕の朝は早いです。5時、6時起床を毎日乗り越えています。

目を開けるのは辛いのですが、そこにはとっておきの光景もついてきます。もう少しで目を覚まして、朝を迎える子どもたちの寝顔です。

寝息を立てるその姿。抱きしめると使い切りカイロのように温かい身体。サラサラの髪の毛に鼻をつけると脳のシワとシワの間まで広がっていくような癒しの香り。

何千年も前から親たちは子どもの寝顔を見てうっとりしてきたことでしょう。狩猟がメインだった昔の人間だって子どもの寝顔を見て、「よし、今日は絶対なんか狩って食わせてやっかんな」と意気込んでいたはずです。

今も目の前でプチプチ細胞分裂を続けるそのすべすべの肌を撫でるとホッとします。大袈裟かもしれませんが、肌を撫でるその瞬間は幸せな気持ちに満ちて、そのままカチッと時が止まってしまってもいいとさえ思います。でもまあ止まったら止まったで「うわあ。解除してほしいなあ。動きてえなあ」とも思うでしょう。

どうかこの子どもたちに、僕たちが育った自然と景色をそっくりそのまま受け渡せますように。

あばれる家の日常③

息子とおでこをつけて寝る。
呼吸と鼓動が直接伝わってくる。
置くだけで充電できる
iPhoneになった気分。

100%

世界遺産検定1級への挑戦

コロナ禍で、家にいなくてはならない時期がありました。でも時間を無駄にしたくはない。にわかになにかに挑戦しようというやる気が出てきました。

そこで考えたのが世界遺産検定1級への挑戦です。

試験時間は90分。90問の試験で、200点満点中140点以上の点数をとることが求められます。合格率は30％。なかなかに厳しい壁であることがおわかりいただけるでしょう。

1級は2級を取得してはじめて挑戦できるのですが、すでにそこはクリアしていました。

当時、僕には焦りがありました。バラエティではいわゆる第七世代と呼ばれた後輩芸人たちの突き上げがものすごくて、僕は内心、トークやリアクションで彼らに太刀打ちできるのか不安でした。気持ちで押されつつあったのです。

でも負けてはいられません。簡単に笑いを取っていく後輩たちの姿を見て、対抗心が生まれました。

君たちが簡単に「笑い」を取るのなら、僕は「資格」を取る。

それは固い決意でした。

2級までは範囲も限られていて勉強も捗りました。しかし、1級となると範囲は段違い。暗記量もかなり増えました。それでも、ずっと部屋の中にいた僕は、頭の中だけでも旅行気分になれるこの世界遺産の勉強にものすごく魅力を感じました。

ついに世界遺産検定1級の合否発表の日がやってまいりました。

合否は自分ひとりではなく、みんなで確認したい。ロケの合間にYouTubeで合否確認配信をすることにしました。ｉＰａｄで結果を見にいきます。

「世界遺産検定結果通知書…………、合格！　合格！　はいぃ！」

思い立ってから5か月、苦しくも楽しい猛勉強のかいもあり、世界遺産検定1級に合格することができました。おかげさまで世界遺産の番組をやらせてもらえたり、新聞の世界遺産特集で案内役をまかせてもらえたりしています。幸せです。

資格を取ったので次は「笑い」を取りにいきます。

やめたバイト先に顔を出してくる人

大学生のときの僕が感じた中で、最も過酷で孤独な時間といえば、「やっとなじんできたバイト先に、ぜんぜん知らない古株だった元アルバイトが顔を出してきたとき」です。誰もが経験したことがあると思います。

彼は、「たまたま通りかかったから寄った」と強がっていました。

しかし僕は知っています。実際は、地元に凱旋するスポーツ選手の気分であることを。

せっかくなじんできたバイト先。あんなにやさしかったホールの仲間たちが、ふらりとやってきた古株の元バイトと親しくやり取りをしている姿を見せつけられました。僕と会話するよりもずっと楽しそうです。僕は激しい嫉妬と孤独感に包まれました。

古株の元バイトは一通りの思い出話に花を咲かせながら、自分が働いていたころとは少し変わった観葉植物の配置やオススメのメニューを、時間をかけてねっとりと観察していました。

うちらの時代はああだった、こうだったなどと、確かめようもない接客武勇伝を忙しく働く僕の耳にちょうど届くボリュームで話しています。

追い払って平穏な時間を取り戻したい僕でしたが、「あの人誰ですか？」などと口に出したら失礼なのはわかっているので我慢しました。ひたすら耐え忍ぶのみ。

古株の元バイトは黒目こそ昔話のできる元同僚を見ていましたが、余った白目は壊れたルンバの如く新人の僕を追い続けていました。

穏便に済まそうと僕も「誰に向けるわけでもない笑みを宙に浮かべながら、軽くうんうんとうなずく」、「声なき笑いを元バイトの昔話に添えてあげる」など精一杯のおもてなしをしました。

営業時間終了後、久しぶりの再会から懐かしいメンツで飲みにいくという流れになり、僕も連れて行ってもらいました。
誰もが経験したことがあると思うのですが、話してみたらめっちゃいい人でした。

次男からは目が離せません

もうすぐ3歳になる次男が動きまわってしかたありません。顔は僕にそっくりです。みんな似ていると言ってくれます。目に入れても痛くありません。尿道に入れても痛くありません。可愛いです。

人見知りをしないタイプで、自分と出会うすべての人が遊び相手だと思っているみたいです。とてもおとなしくて、落ち着いています。活発な長男との違いに驚いていました。

しかし、勘違いでした。2歳を過ぎたくらいからそれは確信に変わりました。次男はがっつり、あばれるちゃんでした。机の上のポケモンカードはぐちゃぐちゃにします。布団に食べものを持って行きます。飲食店ではつねに見張っていなければなりません……。

僕はよく、自分がもしハンバーガー屋さんやラーメン屋さんをやったらどうなるかといろいろ妄想します。やっぱり小さい子どもを連れた家族にやさしい店にしたいですね。

うちも気分転換で外食に行こうと思っても、子どもが動き回るしなー。音立てるしなー。やっぱり家でいっか、とあきらめることがよくあります。まわりの人に迷惑がかかるかもしれないと思うのがいちばんの原因です。なので、子どもが食べものや飲みものをこぼしたり、騒いだりしても、ぜんぜんかまわない無敵の店を作りたいんです。

僕がオーナーなら、まずはお店のすべてのイスも机もスベスベする合皮に包まれたものにします。なんでもすぐ拭き取れる車のシートみたいな合皮。もしお客様の誰かが飲みものをこぼしたとなれば、すぐに拭きにいく人員も配置します。バレーボールの試合でめちゃくちゃ急いで床を拭きにくる人のようにです。

遊具も必要です。ほっといても子どもが遊べるように、ロープのハンモックを設置します。これでお母さん、お父さんは食事に集中することができるでしょう。親の席から見えるようにお店の真ん中に配置するのがいいかなあ。

あとは子どもが大声をあげたときや泣き出したときに、「ぜんぜん大丈夫ですよ！」と言ってまわる人員も配置します。


「子どもが騒いでも大丈夫！」

「店員さんがとってもやさしい！」

「ひさしぶりにまわりを気にせず食事できた！」

という口コミがきっとどんどん広がります。想像するだけで本当に嬉しい気持ちになってきます。


この店はどこまでが許容範囲なのか？　この店員は子どもが飲みものをこぼしても、大声で騒いでもいいと、腹の底からそう思っているのか？　などと子どもを連れた親は必ず考えるので、子どもがなにをしても大丈夫という安心感を全面に出して営業することが大事です。このポジションを確固たるものにできるかが重要です。

がしゃん！　物音で我に返りました。
次男が食器棚から金物を床に落としたのです。
お店の妄想がかき消えました。

あばれる家の日常 ④

家族で外食。
動き回る2歳児にはひっさつiPad動画。
これで1時間ほど確保。
かき込む飯。
団欒のひととき。

人生最大のかまくらを作った日

4歳のころ、不思議な体験をしました。いまだにあれがなんだったのかわかりません。

福島県は、雪も多くて毎年冬は雪遊びが楽しみになっていました。体力と暇を持て余した僕は、その大雪を利用して人生最大のかまくらを作る決心をしたのです。

お下がりのスキーウェアにスコップと手袋。雪をかき集め山を作り、そこに洞窟のように穴を開けていきます。内側からスコップで叩き、雪を固めます。仕上げに水をかけて次の日に凍るのを待つのです。屋根はツルツルでガチガチの頑丈なかまくらができる予定でした。

自分の秘密基地となる、かまくらのできあがりを楽しみに布団に潜りました。

次の日の朝、ウキウキな気分でかまくらを見にいくと、とても驚きました。僕が作ったかまくらの中で、ぜんぜん知らない家族がでん六豆を食べていたのです。

今思えば有り得ることではあります。でも当時の僕は、ショックで声が出ませんでした。

なおかつ、当時のスキーウェアは派手なものが多く、その家族のお父さんが着ていたスキーウェアの毒々しい色合いで、より恐怖が増しました。

僕は、かまくらを勝手に使われた悔しさとスキーウェアの色合いの衝撃で、涙を流しながら家に帰りました。

しかし当時住んでいたところはかなりの田舎で、家と家の距離は離れていたはずです。なぜ？　どこの家族だったのか？　なぜ豆を食べていたのか？

大人になった今もそれはわかりません。

合格率5%のクソヤベェ挑戦!
気象予報士試験①

芸人は常に進化し続けなければならない。テレビに出て、日本のお茶の間の数分間を預かって騒ぎ立てなければならないのだから、一目置かれるために、たゆまぬ努力が必要です。

そうなってくると自分の仕事にも活かせて、能力も高まり、履歴書にも書くことができる資格を、手っ取り早く取ってしまおうと思い立ちました。

気象予報士試験への挑戦であります。

この挑戦をぶち上げた日に、ニュース番組から密着させてほしいと打診もありました。やる気と自信がみなぎってきました。

合格率は約5%。しかし、たいしたことはありません。過去の栄光を自慢するつもりはないですが、僕は何億もいるごった返した親父の精子の中から、母の卵子にたった1匹辿り着いた実力者であります。このすごさがイメージできないのなら、元旦に福男を決めるあの走るやつを思い出してほしいです。とにかく一般人とは格が違うのであります。


勉強を始めます。やればやるほど気象予報士への道のりが遠いことを知ります。

ステファンボルツマンの法則だの放射平衡だの参考書に並んでいる聞き慣れない言葉たち……。

ぬかるみの中を一歩一歩進むみたいです。勉強は難しいと思いはじめました。

いけんのかこれ？　静かにフェードアウトしたほうがいいかも……。


しかし、SNSで大々的に気象予報士を目指すと発表してしまいました。

「ネットで見たよ？　気象予報士の勉強してるんでしょ？　頑張ってね！」

とキラキラした目で尋ねてくる同業者が沢山いました。思わず、

「うん。何者かにSNSを乗っ取られたんだ。パスワードを強化しようと思ってる」

と何度も言いかけます。

でも、Xを何者かに乗っ取られて気象予報士試験の挑戦をポストされたというミステリーをでっち上げるには語彙力が足りません。「なんのためにそんなことするの？」と返されれば、もうその人の目は見られない。登りはじめてやっと山の大きさを知りました。

モチベーションアップのために気象予報士試験に合格したときの自分を想像します。拍手喝采の雨予報です。

お母さんが作ってくれたお弁当

僕は料理が好きです。家族のために料理を作るのが趣味です。やりがいを感じるのは、やはり子どもがバクバクむしゃむしゃ食べてくれるときです。

しかも、「ああ。パパの料理マジうまい」などと一言添えてくれたときはますます有頂天になってしまいます。（決して奥さんの料理がまずい訳ではありません。むしろ僕より何倍も繊細でうまいです。）

基本的には夜ご飯、昼に仕事がないときはお昼ご飯を作ります。

はっきり言って、この時間帯の料理は楽です。いちばんキツいのは朝です。

眠気と闘い、体を起こし、冬になれば寒いのに最初にストーブをつけなくてはなりません。これはキツいです。（はい……。ゆかちゃんいつもありがとうございます。）

そう考えると、ほぼ365日寝坊もせず一家のために朝ご飯を作り続けてくれた僕のお母さんはすごいなと思います。ちなみに、僕は大学生になるまでカップラーメンをほとんど食べたことがありませんでした。お母さんが料理してくれるから必要なかったのです。

朝ご飯にプラスして僕の高校時代は毎日、お弁当も作ってくれました。

お母さんの作るだし巻き卵の中には海苔が敷かれていて、切ると断面が黄色と黒の渦になっています。入学したての新1年生のとき、だし巻き卵の見た目が可愛いとクラスメイトたちに褒められました。まだうまくなじんでいないクラスメイトたちと喋るきっかけを与えてくれたのはお母さんのお弁当だったのです。

食べてしまえば終わりなのにそんな手間をかけて、しかも忙しい朝に作ってくれたと思うとありがたいです。

ご飯にも鰹節と醬油がかかり、海苔が2段階に敷かれていました。ご飯だけ食べてもとてもおいしいのです。この海苔ご飯が大好きで、先におかずを食べ終わった後に、ご飯を食べるスタイルに自然となっていきました。この食べ方に違和感を抱いた友達に指摘してもらってはじめて、ご飯やおかず、味噌汁を交互に食べる「三角食べ」というものを知ったのです。

家でも、おかずとご飯を交互に食べろと散々言われていたような気もしますが、そんな言葉は右から左に抜けていました。

子どもたちがおいしいおいしいと言ってくれるだけで、こんな嬉しい気持ちになれるなら、僕もそんな言葉をお母さんにもっとかけてあげれば良かったな。

「今年のいかにんじんはとてもおいしいね。」

とお母さんにメールを送りました。

ポケモン対戦にハマってしまったと言わざるをえません

YouTubeでポケモン対戦のゲーム実況生配信をやっています。

これまでネットと自分の親和性がいまいち摑めませんでしたが、思いきってポケモンの試合を家のリビングから生配信することに決めました。同じ番組で共演していたヒャダインさんも、あばれる君のめちゃくちゃなポケモンの試合を見たいよと背中を押してくれました。

しかし、はじめてみると生配信中もチャットにはひどい言葉が飛び交いました。「顔が邪魔」「顔がうるさい」などです。いちばん傷ついたのは、「うしろの生活音すごい」です。

そこまで言われるのなら消えてしまおう、と考えた僕はグリーンバックの布を買い、顔を緑に塗り上げ、ゲーム画面に透過することに成功しました。（どうか一度見てください。口で説明するよりも圧倒的に早いので。）

これが、僕が視聴者から顔面透過配信者（フェイススケルトンストリーマー）と呼ばれる所以《ゆえん》です。

リビングで配信しているので、いつも奥さんが隣にいます。

負けるたびに叫ぶ僕を目で制してきます。

ポケモンの技で言うと「くろいまなざし」です。

オンラインのポケモン対戦はもう何千試合もやっています。世界中の人々と対戦し、勝ち負けが決まり、その順位がはっきりと出ます。

本当にポケモンが好きなのかとよくきかれますが、２０００時間以上のプレイ時間を伝えると納得してくれます。

技構成や育て方、性格によって変わるポケモンの強さ。将棋のように答えはありません。勝てるチーム構成を延々と考えてひたすらに戦います。相手のポケモンがどんな技を出してくるのかなど、相手の考えを読むことも重要です。僕が配信中に言ったセリフ「これ読み合いになるよ」プリントTシャツは400枚売れました。

「読み」があたったときの快感は何物にも代えられません。思わず「はい〜」と叫んでしまいます。

その一方で、「まひ」状態になって行動不能になったり、「こんらん」状態になって自分で自分を攻撃してしまったりと、ランダムで表れる状態異常。そこには、ギャンブル的な要素もあります。なかなかスリリングです。

これまでの勝率は5割。世界ランク1位を目指して頑張ります。

息子が野球にのめりこんでいます

7歳になる息子の野球の練習を手伝いに行きます。そこには、たくさんの子どもがいて、小さな体で一丁前に大人の仕草を真似しながらプレーしています。そんな姿が愛おしいです。バッターボックスに入る前に首をぐるりと回したり、ファールを打った後、なんとなく首を傾げてみたり。思わずふふっと笑いが込み上げてきます。

息子は最初、サッカーをやっていました。でも試合になるとボールの奪い合いに近づきません。外からその集団のまわりをぐるぐる回っているのです。人工衛星みたいです。

僕は息子が、とりあえず参加しているフリをしようとしていることを見抜きました。毎試合、雰囲気で乗り切っているのです。

なぜ見抜けたのか？　僕も似たようなことをやったことがあるからです。どうやら足捌きに自信がないらしく股抜きされたりするのが恥ずかしいようです。しかし、サッカー経験のない僕はうまくアドバイスできません。

「一緒にセルジオ越後のYouTubeを見よう！」と言うのが限界でした。

ためしに公園でキャッチボールをしてみました。がんばってボールを捕って投げ返してきます。僕は子どもとキャッチボールをするのが夢だったのでとても楽しい。息子もキャッキャと笑っています。

キャッチボールをしながら、僕も中学は野球部に入っていたので息子に正しい投げ方を教えたり、松井秀喜の3打席連続ホームランの話をしたりしました。昔、巨人の助っ人外国人投手のガルベスが怒って審判にボールを投げた話もしました。ついでにガルベスの投げ方も教えました。

サッカーも野球もどちらも偉大なスポーツだから、あとは息子に選んでもらうことにしました。

結局息子には、野球があっていたようです。選手名鑑を見たり、テレビで試合を見たり、朝練に行ったり。今は、野球にのめりこんでいます。

僕も親御さんたちと挨拶を交わして、子どもたちのために道具の準備や片付けをしていると、チームに溶け込めた感じがして心地がいい。そんなときに「ああ。俺も大人になったんだな」と思います。学校の窓ガラスに映る自分の頭頂部を見たときも思います。せっかくドリンクバーを頼んだのに、1、2杯しか飲まないときも思います。

誰かの打った打球が飛んできました。

「パパ!! ボーッとしないで!!」

息子に叱られます。僕は、笑顔で打球を追いかけます。

来週は審判講習会に行ってきます。

あばれる家の日常 5

息子とキャッチボール。
これ以上ない幸せを感じる。
長いことやって、もう帰ろうと諭す。
まだやりたいという息子。
おうちでご飯食べようよ。

合格までの果てしない道のり
気象予報士試験②

気象予報士試験は、「一般」「専門」「実技」という3つの難関をクリアしてはじめて完全な合格となります。半年でこの3つをクリアすると豪語して勉強を始めましたが、やればやるほどその難易度の高さがわかってきました。

僕にとっては、「科挙」並みです。社会の教科書に載っているあの科挙です。社会の資料集で見た、着物全部に漢字を書き込んでカンニングしようと科挙の試験に臨んだ青年を思い出しました。

文系で、筆者の心情を25字以内で読み取ってばかりいた僕には、はじめて見る公式や英数字が立ちはだかりとてつもない道のりに感じました。しかし、成長のためには苦しい道のりも乗り越えなくてはなりません。自分を奮い立たせ今日もまた鉛筆と消しゴムを握ります。

15分で投げ捨てます。

しかし悪い状況というわけではありません。試験としては、15問中11問だけ正解すれば合格です。しかも1問には4つか5つの選択肢があるマークシート方式です。生まれ持った強運をこの上なく発揮すれば、偶然の全問正解もありえるのではないでしょうか。しっかりと先祖の墓をお参りして、ラッキーカラーさえ把握しておけばなにも怖くないのではないでしょうか。

クイズ$ミリオネアに出た新庄剛志さんだって鉛筆転がして1000万円取っていましたよね？　何鉛筆がいいんだろう。

はじめて過去問に挑戦してみました。4点でした。

この経験を無駄にはしません
気象予報士試験③

試験本番がやってきました。毎日、じゅうぶんとは言えない勉強時間ではありますが、自分なりには後悔のないようにやってきました。何年分もの過去問に挑戦しました。「一般」の部門で合格点の11点に達したのは1回だけ。つまり、自信があると言ったら嘘になります。

しかし、大人になってこんなにも机に向かうとは思いませんでした。朝6時に起きて8時までの2時間。そして夕方から夜にかけて2時間（もっとやれただろと言われればその通りです!!）。合格するまでの勉強目安は1000時間程度と言われています。

でも僕は怯まないで立ち向かいました。

最初は、なにがなんだかわからなかったコリオリパラメータやら、渦度の計算やら、エーロゾルやらも、なんとなく親しみが湧いてきていました。

お笑いの現場で「ハゲ！」とツッコまれたとき、「晴れ！」と聞こえるようにもなりました。着実に勉強が身についている証拠です。

試験会場に着いて、筆記用具を用意して、カバンから参考書を出すと、学生時代のテスト前の緊張感が蘇ってきました。若者に囲まれていれば、まるでタイムスリップしたような気分になれましたが、教室内は意外とおじさんが多い。学生時代へ飛びかけた意識が、瞬時に現代へ戻ってきました。

試験開始の合図。時間配分はあらかじめ計画を立てているので焦ることはありません。

問題を解いていると、気象予報士試験の問題は、あれ？　どっちだっけ？　えっ⁉

まわりくどい言い方だ!!　と感じるものが多いです。

僕には「最初に選んだほうじゃないほうを選ぶと正解する」というおまじないがありります。その瞬間、前半部分でこのおまじないを頼りだしてしまった自分に危機感を覚えました。

しかし、後半にかけて得意分野の問題がやってきます。なぜ昼間は海風が強いのかなどの「海風陸風」の問いが大好物でした。その問題文を何度も愛でました。他のイカつい難易度の問題と比べると可愛く見えて、よしよしと独り言を言いそうなぐらいでした。

試験が終了しました。その日1日は、「一般」につづいて、「専門」「実技」の試験もありましたが、「一般」部門の試験で燃え尽きた僕は荷物をまとめて帰ることにしました。ボクサーでいうと1R失神KOでボクサーパンツもずるずると脱げた状態です。

「でも僕は、この経験を無駄にはしない。」

試験会場の校門を去るとき、カッコつけて胸に手を当てて小声で呟きました。そうでもしないと高い受験料と費やした時間の元が取れない気がしたのです。元を取るためにドラマの主人公になったつもりでいました。もっと元を取るため、試験会場にあった訳のわからない美術館の割引券とか変なパンフレットとかも持ち帰りました。

ものすごく腹が減ったので大盛りのラーメンを食べました。

自分は、あきらめの悪い人間です　気象予報士試験④

はじめての気象予報士試験は「一般」部門不合格。

完全な合格には、「一般」「専門」「実技」というジャンルをクリアしなければなりませんが、まずとにかく「一般」という最初の難関をクリアしなければ話になりません。

半年の勉強で一発合格してやると意気込んでいました。でもそれはハードすぎました。仕事をしながらの朝2時間、夜2時間の勉強はよくやったと思います。

勉強のためにロケをやる島にも天気の本を持って行きました。潮と雨でぐちゃぐちゃになって大事なところが読めず悶々としたこともあります。

新幹線で移動するときはYouTubeの気象予報士試験関連の講座をずっとイヤホンで聴いていました。毎回、これ以上ない極上の睡眠へ誘われました。まさに雲の上にいるようでした。

台風の構造や雲の形などは勉強していて「へぇえ！」と思うことが何度もあってワクワクしました。


簡単に取れる資格ではないからこそ、取ったときの喜びは大きいのです。

夢としては、夕方のニュースでお天気お兄さんとして、きっちりとした自分の見解を基に天気を予報して外し、翌日に土下座で謝るという流れをやりたいのです。当たったら当たったでそれは嬉しいですし。


その壮大なコントのために、コツコツとやらなくてはならないのです。

そして、天気予報を待ち望んでいる人たちの力になれるように。

また心を奮い立たせます。自分は、あきらめの悪い人間です。

十五少年漂流記

愛読書と言われれば間違いなく『十五少年漂流記』と答えます。みなさんも一度ぐらいは耳にしたことがあるはずです。

この本に出会ったのは小学生のころでした。読書感想文の課題図書として選んだのです。今でも僕が辛くて苦しいときは、この本の少年たちのたくましさが僕を励ましてくれます。（そう考えると子どものころに読んだ本ってけっこう覚えてるもんだな。やっぱ読書っていいな。）

15人の少年たちだけを乗せた船が嵐にあって遭難してしまいます。この時点で子どもがいる僕の身としては、胸を虎の子ロープで締め付けられ、睾丸スレスレをナイフが通り過ぎたような思いになります。

少年たちは遠い島に辿り着き、取り乱しながらも、リーダーを決め、住み家を作り、必死に釣りや狩りをする。生きて帰ることを決してあきらめないのです。


十五少年漂流記の中でも特に気に入っているのが、食べ物の描写です。その中でも「ブランデーをたらした水を飲む」という表現があります。

はじめて読んだときは、

「なんだその飲み物は!? ウィスキーボンボン的な味がするのか!?」

「少年なのに飲んでもいいのか!?」

「樽に残っててよかったな!!」

「大事に飲めよ!!」

とゾクゾクしました。

あとは、塩漬けの肉。船の中に残っていた食料を分けて食べるその姿を想像すると、うんまそぉ！　と心が躍りました。


島には同じく遭難してきた悪者がいるというとてつもない危険の中で、少年たちはビスケットやコンビーフ、ブランデーをお弁当のように持って探索に行きます。僕は文字を目で追いながら、無事に帰ってきてほしいと心から願い、一気に食べないでゆっくり味わうんだぞ‼　と心の中で叫んでいました。

冒険小説は絶対に読んだほうがいいと思います。大袈裟だろうと言われるかもしれませんが、冒険小説を何度も読むことで、社会に出たとき多少の荒波に心身が動じなくなると思うのです。頭の中で冒険するからケガをする心配もない。ピンチを切り抜ける疑似体験として最適だと思うのです。僕と同じ親御さん世代も懐かしいと思ったら手に取って読んでほしいです。

原稿を書いていたら、僕も冒険に出ているような気持ちになってきました。
コンビーフの缶をパカッと開けました。

芸人のスイッチを入れるには

お笑いの番組で、もうちょっとできたなあと思いながらいつも収録を終えていました。まわりの出演者は楽しそうに帰っていくのに、僕にはちょっとした心残りが毎回あったのです。

そんな不完全燃焼だった2022年ごろの僕の心にグサリと突き刺さる言葉に出会いました。

「人はスランプの原因を探し求めるが、意外と日常生活にその原因があることに気づかない」というような言葉です。YouTubeのおすすめから流れてきた「パソコン教室のエースが作ったようなイチロー名言集」の中にそれがあったのです。イチローが本当に言ったかどうかはわかりません。

しかし、パソコン教室のエースの小汚い編集を介しても、一向に色褪せないイチローの金言に僕は感銘を受けました。

眠いまま収録に行って、頭がぼーっとしたまま挑んでも、百戦錬磨の芸人や著名人たちにトークで太刀打ちできないことがわかったのです。

だから現場に出向くときは、歩いて行くことにしました。入り時間までを逆算して、家を出発します。7~8キロの距離が大好物です。昔から歩くことが好きだったし、登山もやっていたので長距離を歩くことは得意でした。朝は道が広いし、冷たい空気は心地いい。太陽を独り占めしているような贅沢な気分になります。

頭も起きて、血流も良くなり、体に水分が回って体温が上がることで芸人としてのスイッチが入ります。気分も明るくなり、なかなかウケませんがたとえツッコミもよく出てきます。なにより、都会の道を自分の足で歩いて仕事に向かうことに猛烈に感動できるのです。

僕が田舎から東京に出てきたときは、自動改札の前で毎回緊張していたし、無表情で同じ方向に歩く東京人をインベーダーゲームのように避けていました。大都会に怯んでいる気持ちを悟られないようにわざと仏頂面で歩きました。

そんな僕が、大都市東京の道を多少なりとも把握して、自分の意思で悠々と歩いている。この現実がたまらなく楽しいのです。

あばれる家の日常⑥

息子と飛行機で2人旅。
夢が叶っている瞬間。
僕だって、ついこないだまで
小学生だったのに。

弟の分まで味わいます

僕には弟がいます。とは言っても、ゆかちゃんの2人の弟のことです。ひとりは僕の3歳下で、もうひとりは僕と同い年。結婚してできた同い年の義理の弟は、よく笑うし、堅実に働く誰にでもやさしい男でした。

お正月には顔を合わせて、高校は違いましたが、同級生がいきなり家族になる不思議な気持ちを味わいました。「よろしく兄さん」と言われ2人でヒクヒク照れ笑いで間を埋めました。

8月の夏、半年ぶりぐらいに会った義理の弟は頬がコケて顔色がかなり悪くなっていました。明らかに病気を患っている感じでした。こんな見た目になるまでなにしてたの!? みんなが目を丸くしていました。

本人いわく当初、食欲がなくなりだして小さな病院で診てもらったが、原因は突き止めきれず、夏バテによるものだと思っていたらしいのです。僕たちからすれば、夏バテにしては信じられない痩せ方でした。

ゆかちゃんとゆかちゃんのお母さん、そして僕で病院の精密検査に付き添いました。弟はステージ4の胃ガンでした。ギリギリまで仕事もしていたので、彼は即入院の準備を始めました。若いほど転移は早いのです。

冷房の効いた病院を出ると、真夏のセミが大音量で鳴いていました。

ゆかちゃんには聞こえていないようでした。

これはゆかちゃんから聞いた話です。

ガンが発覚したあと、3姉弟で大好きな地元の白河ラーメンを食べに行こうとなりました。思い出のラーメン屋に弟を連れて行くと、弟は1杯のラーメンをゆっくりゆっくり食べ切ったそうです。

帰りの車で、ゆかちゃんは、

「文字で残すとか、家族にそういう準備もしないとだね。」

と、涙でぐちゃぐちゃになりながら弟に言うと、

「うん。わかってる。」

静かに答えてくれたそうです。

その弟の口座には数百万円の将来へ向けた貯金が残っていました。将来の自分のため、家のため、両親のため、コツコツと働き貯めたというのです。同い年であらためてすごい男だったと感じます。

僕も限られた人生の中で、経験できる喜びをすべて味わいます。子どもの肌の感触、おいしい食べ物、壮大な自然の景色。味わえるだけ味わいます。弟の分まで味わいます。

キャンプでいちばん好きな時間

キャンプでいちばん好きな時間は、料理をする時間です。使えば使うほど、自分のお気に入りの調理器具が手になじんできます。焼き込まれ、油が染み込んだ鉄板がぬるぬるスベスベに成長していくのもたまりません。なにを焼こうが炒めようが味つけは自由。屋台の店主になったような気分になれるのが最高ですね。外で料理する開放感もたまりません。あとは作ったものをハフハフ食べるだけです。

今日はステーキを作ります。
石を並べ、火を起こして、鉄板を温めます。チリチリと油が弾ける音を立てて、ゆらゆらと熱が伝わっていきます。

赤身の肉を載せて焼きます。肉汁が溢れてくるのでこぼさないようにひっくり返します。均一に火が通るように何度もひっくり返します。赤い肉が茶色くこげておいしい香りが立ちのぼります。

ひとまずお肉を鉄板からあげます。

鉄板に残った肉汁に、みりん、酒、醤油、砂糖を加えて、ゆっくり煮詰めて甘旨いソースを作ります。

お皿のお肉を玉鋼のナイフで、切り分けます。よく切れるのでお肉にスーッとナイフが入ります。

甘旨いソースを上からかけて、はんごうで炊いた白いご飯と一緒にかきこみます。あまりのおいしさに目をつむって味わってしまいます。むしろ、この状況で目を開けていられる人間などいるのでしょうか？　そして、やわらかくツヤツヤしたお米で上アゴをやけどします。ここまでがセットでしょう。こんな野外で、肉を焼いて米を炊くのに成功したという達成感もおいしさを倍増させます。

食後は、パチパチと音を立てる焚き火を眺めながらぼんやりします。しばらくぼんやりしたら、ドリッパーを使わずにコーヒーを淹れます。はんごうでお湯を沸かしてそこに直接豆を入れます。5分ほど蒸らします。あとは横からはんごうをナイフで叩いて、浮いた豆を底に沈めます。できあがったこのコーヒーの上澄みをすくいます。信じられないまろやかさのコーヒーが生まれます。ぜひお試しください。

食後にコーヒーを飲み、空を見上げたり、風で揺れる木々を眺めたりしていると自分も広大な自然の一部になったような気がします。川の音とコーヒーの相性は抜群です。コーヒーが日々の仕事に疲れた頭をリセットしてくれ、川の音が心に残った汚れを洗い流してくれるのです。

1位を決めない運動会に違和感をいだきました

息子の運動会に物足りなさを感じました。運動会の50m走で順位を決めないのです。そしてなぜか、運動会ではなくスポーツフェスティバルと呼ぶのです。

昔の名残でベテランっぽい先生が開会の挨拶で、「運動会」と言ってしまったとき、膝をガタガタさせながら「すいません。スポーツフェスティバルです」と訂正していたときは、「今の時代横文字だろ!! その呼び方は時代遅れなんだよ!!」とブチギレるモンスターペアレンツがいるのではないかと邪推しました。なんのための訂正なのかはいまだに謎です。なぜ運動会じゃダメなんだろう。

そしてなにより、順位を決めない50m走。

僕の思い出だと、ゴールしたとき、1位、2位、3位、4位などそれぞれの順位担当の上級生が迎えに来てくれて、その姿が緊張の戦いから解放しにきてくれたヒーローのように見えて頼もしかったのを覚えています。

まぁしかし、順位を決めないというやさしさはとってもわかるし、人間として絶対に必要なものであります。そのやさしさに救われる何人もの方がいらっしゃることでしょう。

でも、ただ……。ほら、わかってるけど!!

順位を決めないやさしさは、順位を決める厳しさよりも優れているとは言えないのではないかと僕は思います。

先生が教えるべきは「たとえ1位になっても謙虚でいること」と「何位でも最善を尽くすことが大切」という教えじゃないでしょうか?

1位になれなかった子も「いやー、今回は君が1位を取ったんだ。よかったよかった」と他人のがんばりを素直に祝福する練習にもなるはずです。僕の息子にはこれができるようになってほしい。じゃないと他人と自分を比べて劣等感を抱く辛い思いを味わう羽目になります。

なにを隠そう自分がそうでした。お笑いライブでは毎回投票で順位が決まり、勝てば有頂天になり、負ければ落ち込む……。その前に、素直に仲間の活躍を祝福できる能力があれば、勝った負けたの浮き沈みに精神をやられないのです。

そもそも1位なんて1人しかなれないんだから、社会に出る前に「ちょい負ける」ことへの免疫をつけることも必要だと思うのです。

僕はお父さんに自分のミニ四駆が走る姿を一緒に見てほしかった

週末は、お笑いステージで全国をまわることが多いです。イオンタウンや複合施設にたくさんの子どもたちとその家族が客席で待ってくれています。控え室からそのワクワクしている表情を覗き見ると、思わず涙が出てきます。自分でも思いますが感受性が豊かなのです。

小学4年生のころ、同い年の友達と週末に開かれるミニ四駆の大会によく出ていました。なじみのない隣町の子や大人もたくさん参加していました。小さなコミュニティでもじもじしていた僕にとって、大会自体がとても華やかに見えました。

そんな中、一緒に親身になってミニ四駆を作ってくれる友達のお父さんがすごく羨ましく思えました。大人がバックについていると技術も経済力も段違いで、その友達のミニ四駆はとても速かったのです。

思い切って、僕も父を週末のミニ四駆大会に誘いました。なにも買ってもらえなくてもいいからとにかく、自分のマシンが走る姿を一緒に見てほしかったのです。父は渋々着いてきてくれました。

父はいまいちミニ四駆大会になじめていません。口をぽかんと開けて放心状態みたいになっています。

これは父の癖です。人見知りが強く、知らない人がたくさんいる学校行事などでよくこの状態になっていました。動かない「ASIMO」を想像してもらえればわかりやすいと思います。たぬきが死んだふりをするように、これが父の防衛本能です。息子の僕はたまったもんじゃありません。

僕は、「よし。このベアリングをつけてコースアウトを防ごう」とか、「ギアにグリスを塗ると速くなるんだった」とか独り言を父に聞こえるようにわざと大きな声で言いました。ミニ四駆の醍醐味を必死に伝えようとしたのです。まわりのお父さんと同じように一緒に作ってほしかったのです。ミニ四駆のおもしろさを伝えることでこれからも父が見にきてくれるかもと期待したのです。

レーススタート直前、僕のマシンが突然走らなくなりました。接触不良なのか、モーターの不具合なのかわかりません。

そのとき、

「いじってばっかりいるからダメなんだよ!!」

と父にみんなの前でいきなり怒られました。(当時、父は本当に忙しそうだったし、一時的な感情だろうから仕方ないです。)

みんなの前で恥ずかしかったし、そんなことより走らなくなったマシンを直してほしかった。だから泣きました。

もう週末に父をミニ四駆に誘うのはやめました。

週末の家族連れを見るとふと思い出す記憶です。

話を戻すと、僕は特にお父さんと子どもの2人で遊びに来てくれているパターンに弱い。たくさん妄想してしまいます。

普段、仕事で疲れているお父さんは子どもと最近あまり遊んでいないことに気づく。

そんなとき、あばれる君が近くの複合施設に来るという告知が目に入る。

（普段からポケモンとか好きだし、教えてあげたら喜ぶかな？）

わが子を喜ばせたい一心で、そのお父さんは子どもに相談する。

「あばれる君が来るらしいよ。一緒に観に行く？」

「ええっ⁉　本当⁉　行く‼」

週末まで胸躍らせてその家族は過ごす。当日は、興奮で早く起きるはず。整理券配布の時間に合わせて家を出発し、無事に整理券を手に入れて、ステージの時間までキラキラした施設を巡って待つ。

すみません、ハンカチを貸してもらえませんか……？　妄想で涙が出てきました。息子の笑顔を見たい父とあばれる君を見たい息子。そしてその2人を想像して涙が込み上げるわたくし、あば。

そんな期待に溢れた家族連れが、たくさん観に来てくれるのだから手は抜けません。少しでも週末のいい思い出になってくれたらいいな。

あばれる家の日常 ⑦

営業ステージ。
最前列のお父さんと一緒に来ている
男の子がふと目に入る。
お父さんと約束して朝から
観に来てくれたのかな？
いつぐらいから約束したのかな？

目の前に行ってふざけたら、
控えめに照れながら拍手してくれた。
その姿を見て、お父さんも愛おしいんだろうな。

お父さんとして伝えられること

息子がキックボードを抱えて遊びから帰ってきました。

なんとなく静かだったので顔を覗き込んでみると、シクシク泣いています。

原因をきいたら、車のクラクションが怖かったと言います。気持ち悪くなるほど怖かったと、精一杯の表現で伝えてきました。知らないおじさんにけっこう大きめにクラクションを鳴らされたらしいです。

うちの子を泣かすようなクラクションってひどいな!!　と考えかけました。

しかし、このクラクションの経験があれば、これから先、道路で気をつけるようになる。そしたら事故に遭う危険も減るはず。

そう考えたら、そのクラクションのおじさんは、時空を超えてきた交通ルール戦隊みたいな、なんかのスーパーヒーローだったり、未来から来た息子のボディガードだったりするかもしれないとさえ思えてきました。

今ごろは、空から見ていて、「いやー、ちょっとクラクション鳴らしすぎちゃったかな」と後悔しているかもしれません。

そう息子に伝えました。息子は、納得した顔をしていました。

薄毛も悪くない

27歳ぐらいから頭のてっぺんが薄くなっていました。まわりの芸人仲間は、おもしろいからいいじゃんと言ってくれますが、ハゲはじめた僕は絶望感に溢れていました。おもしろいとかそういう気持ちにはなれなくて、あって当たり前のものがないというのが悲しかったのであります。

塗る育毛剤を試してみました。どうしても髪の毛がほしい僕は、そんなに塗らなくてもいいのに、水をかぶる修行僧のように、ビシャビシャと叩くように塗りつけていました。頭蓋骨にまで直接塗りたい、そういう思いでした。

とある日、いつも通り育毛剤を塗りつけた後、真夏の炎天下の動物園でロケがありました。ダラダラと汗をかきはじめた僕は、育毛剤入りの汗が目に入り、ジンジンと染みて視界が奪われました。なにも見えなくなったのです。

髪の毛はぜんぜん生えてこないし、仕事にも支障がでるので、その日から育毛剤を塗るのをやめました。

次の作戦は、眉鉛筆。頭皮の薄い部分に眉鉛筆で碁盤のように格子状に、何本も線を引きます。そして、手のひらでそれをなじませると肌色が黒く染まり、一見フサフサのボーボーに見えるのです。

みんな不思議そうに僕の頭部をジロジロ見たり、ヒソヒソ話してはいますが、誰もそれ以上は言ってきません。

(みんな気づいていない……。通用しているっっ!!)

織田信長が鉄砲部隊を発案したときもきっとこんな気持ちだったでしょう。

その日から、僕の頭頂部は肌色から黒色に変わり、灰色だった心はバラ色に変わったのです。

しかし、自分史上最強と考えていた眉鉛筆部隊もとうとう敗れるときが来たのです。お笑いライブのときでした。

トーク中に、じんわりと汗をかいていた僕の頭頂部をツッコミでパチンと叩いた先輩の手のひらが真っ黒になり、なんだこれはと大騒ぎになったのです。

「ちょっとぉ！　ツッコむなら手ぐらい洗ってきてくださいよぉ！」

この瞬間のために磨いてきたハイレベルな切り返しで、僕はその場を切り抜けました。しかし、楽屋の姿見には、ロサンゼルスのチャイニーズシアター並みに頭皮にキレイな手形がついていたのです。それは完全なる敗北を意味していました。

敗北は人を強くします。コロナ禍の影響で3週間仕事がない時期があり、思い切って髪を伸ばしてYouTubeにあげてみることを決断したのです。髪の毛を剃らずにそのままにするとどうなるのか、自分でも確認したかったのもあります。

僕の髪を伸ばした姿は200万回再生されました。夕方のニュースで取り上げられたり、賞賛の声をいただいたりもしました。

コメント欄は、毛根のソーシャルディスタンス、琵琶湖、前方後円墳、フランシスコ・ザビエルなどの応援歌で溢れかえりました。自分の口から出た「地方球場のセンター」というたとえが今でも気に入っています。

「なにもしない」をしてみる

仕事が休みの日は、朝からYouTubeのゲーム配信をしたり、朝ご飯を作ってその映像を編集したり、とにかくなにかしらします。

芸人の仕事はよくマラソンにたとえられます。止まったり歩いたりすればあっという間にほかの活躍する芸人と差が開くという理論です。でもそんな追い立てられるような気持ちになっていては毎日が楽しくありません。

ということで、なにもしないことをしてみました。

ベッドから起き上がりません。
なにも考えません。

すごい。大学生の最高に楽しい時期に戻った気分だ。

昼寝をします。

なにも考えません。

奥さんも次男も昼寝をしています。

最高。

最高だ。

……エッセイの締切いつだっけと飛び起きました。

息子への愛情はほどほどに

息子の野球の審判講習会にこれから行きます。

おそらくですが、セーフやアウトの言い方とかを教わるに違いありません。

「こんなセーフの言い方は、鼻につくのでやめましょう。」

「今のアウトの言い方は激しすぎて選手が傷つくのではないか？」

「セーフとアウトの中間の言い方はないのか？」

などと時代の最先端の議論が白熱するのです。

息子の練習を手伝っているだけで、立派な大人になったように感じている僕が、まさか野球の審判までやるようになるとは。

僕は中学で野球部に所属していました。ポジションはキャッチャー。チームは弱小で、コールド負けばかり。そもそも、ピッチャーがストライクを投げられないから試合にならなかったのです。

しかし、とある日の練習試合。僕たちのチームはその日、変貌を遂げました。うちのピッチャーがバシバシ見逃し三振を取っていくのです。その日の審判はピッチャーのお父さんでした。

練習試合ではお手伝いで保護者が審判をやるのです。監督が試合前に、「保護者の中で主審をやってくださる方はいますか？」と声をかけると、先発ピッチャーのお父さんが、間髪をいれずに真っ直ぐ手を上げていました。

今日の主審の座は譲らないという覚悟とすごみを感じました。

試合開始とともに親子による共同奪三振ショーが始まりました。

息子を思うがゆえでしょう。高かろうが低かろうが、かなり広い範囲でストライク。

僕が「えっ？　いいの!?」と思うぐらいのストライク。

相手バッターは、本日の主審とベンチを交互に見返します。

相手チームの監督もなにかを言いたそうな顔をしています。

しかし、ピッチャーのお父さんはそれをねじ伏せるような声量で、三振の山を次々と築くのでした。

そのお父さんに共鳴するように、

(相手になんか言われるまではこのまま見守ろう。)

そんな雰囲気がチーム、そして保護者全体に漂っていました。

試合が進むにつれそのピッチャーのお父さんの目は少し宙を見はじめました。

気まずいのでチェンジのときは逃げるようにベンチに駆け込みました。


そのお父さんは自分でもわけがわからなくなったのでしょう。ど真ん中のストライクを「ボール!!」と思わず判定しているときがありました。

とにかく、うちのピッチャーは大投手に変貌を遂げたのです。

息子を思う気持ちが強くなるとおそろしいことになります。
僕も気をつけなくてはならないと教訓になりました。

あばれる家の日常⑧

子どものバッティングセンターに付き合う。
元高校球児の後輩たちが指導してくれる。
子どものころ、親の知り合いや友だちにかまってもらって遊ぶのは
不思議な気分で楽しかったたな。
息子はどう思ってるかな?

ゆかちゃんのつわり

こんな僕がゆかちゃんに感謝された話を書かせてもらいましょう。

長男がゆかちゃんのお腹の中にまだいるころ。ゆかちゃんは、はじめての「つわり」でそれはそれはキツそうな体を引きずっていました。いわゆる「食べづわり」でなにか食べていないと気持ちが悪くなるらしいのです。つねに、お肉以外のものを常備してモグモグしていました。

前まではお肉大好きだったゆかちゃんも、味覚の好みがまったく変わるらしく、お肉の焼ける匂いを嗅いだだけで吐き気が襲ってくると話していました。

僕も妊娠している人が間近にいるのは、はじめての経験です。食べ物の好みまでねじ曲げてくる得体の知れない「つわり」に恐れ慄《おのの》いていました。

それでもゆかちゃんは必死に食べ物で「つわり」をコントロールしてなんとか手なずけていました。


その日もつわりを抑えるため食べまくって眠くなったゆかちゃんは、すっとノンレム睡眠に落ちていきました。

オエオエ言っている妻を見るのは僕もけっこう辛い。すぴすぴ寝息を立てている奥さんを覗き込んで僕も安心して寝ました。


その夜中、台所の水回りからチャプチャプピチャピチャと不気味な音が聞こえてきて僕は飛び起きました。

怖い。見にいくのが怖い。

寝ぼけた頭でこの音の正体を想像しました。

ネズミか？　以前、居酒屋で働いていたときに遭遇したネズミの音に似ている。

怖い。

それとも、洗い物をした後、水道を出しっぱなしにして水浸しになっているのか？

めんどくさい。いやだ。このまま眠りたい。


しかし、妊娠した妻を抱えた身で怯んではいられません。

勇気を出して見にいくと、息が止まるほど驚きました。

そこには、髪の毛を振り乱し、獅子舞のように歯をカタカタ言わせながらグレープフルーツをむさぼるゆかちゃんの姿があったのです。


まだゆかちゃんは僕に見られていると気づいていませんでした。しばらく観察しているとその後ろ姿が、人間を食い散らす鬼に見えました。ケンタッキーの骨の黒いところまでしゃぶりつくすタイプの人の食い方にも似ていました。どことなく、立ち食いそば屋で急いでそばをかき込むサラリーマンのようにも見えました。生命を宿す人間の生き様をそこに感じました。

僕は気づかれないように、そっと寝室に戻りました。横になり目を瞑っていると、ウォーキング・デッドのゾンビのようにゆかちゃんがフラフラと、ベッドに舞い戻ってきました。

次の日、早起きした僕は、グレープフルーツの皮をていねいにむいて、そのまま食べられるように深皿に入れ、ゆかちゃんをリビングに迎えました。

ゆかちゃんは「なんでグレープフルーツむいてくれてるの!? めっちゃ気がきくじゃん!!」と心から感謝してきました。

芸人は猛牛と闘わなければならないときがある

東北の雪国で寒さに耐えながら育ったおかげか、わりと我慢強いという自負があります。そんな僕でも逃げ出したくなったのが「元旦にアメリカで牛にぶつかる」という仕事でした。

ゲートが開いたら猛牛が一直線に向かって来る。闘牛場の真ん中にいる僕は、バブルボールを被って待ち構え、その猛牛の突進を体で受け止める。そして、笑顔で立ち上がる。打ち合わせの内容はこんな感じでした。

恐怖に震えながら、ロケ当日を迎えました。

ガシャン。ツノが鉄とぶつかる音。離れていても風圧を感じる鼻息。でっかいアメリカ人2、3人を振り回しながら猛牛のおでましです。

スタッフさんが「ツノに付けていたカメラを破壊された」と涙目になっていました。

数人のアメリカ人が英語で怒鳴っています。

なんて言っているんだろう。コーディネーターさんが日本語に訳してくれました。

「あの牛は今、アメリカでいちばん怒っているそうです。」

そんな筋合いないのに。初対面なのに。

空気が入りきっていないシワシワのバブルボールを被って、ゲートが開くまで待っているのは辛かったです。

そこからはスローモーションで覚えています。青いゲートがバッと開き、赤茶い牛がこちらに一直線に向かってきます。バブルボールを握りなおしました。

とてつもない衝撃でした。隕石にぶつかったような気分です。体が吹っ飛び、上下がわからなくなって、宙に浮きました。バイバイキーンと言っていたかもしれません。

歯と膝をガタガタ言わせながら僕は根性で立ち上がりました。

体に違和感がありました。ぶつかった衝撃で自分の肘を脇腹に当ててしまい肋骨がとてつもなく痛かったのです。

絶対ヤバいと思ったので、その日、アメリカの病院に行かせてもらいました。診察を待つ人でパンパンの待ち合い室で4時間待ってレントゲンを撮りました。

「まったく問題ないわ。」

看護師さんの口から出た診断結果に付き添いのスタッフさんと僕は驚きました。

それは、世界まる見えの外国の吹き替えの感じで聞こえました。


その足で残りのロケに向かいました。柵で囲まれた広場の真ん中にあるシーソーに乗って、そこに放たれた猛牛の突進をタイミングよく避けるというものでした。

僕を虜にしたラーメン屋「昭和軒」

小学生のころ、土曜日は給食がないので家でお昼ご飯を食べていました。しかし、お母さんが用事でいないときが稀にありました。お父さんの仕事場は家の近くだったので、そんな日は昼休みを使って僕をラーメンに誘ってくれました。お決まりの場所は、住宅街にポツンとある「昭和軒」です。

今思えば、渋いです。名前も渋すぎますが、店構えはまるでコントのセットのような昔ながらのラーメン屋。ガラガラとやたらすべりのいい引き戸を開けて店に入ると、大きい鍋からもくもくと上がる湯気。熱気を帯びた湿気がとても心地よかった。

土間のような床をジャリジャリ音を立てて、ほっそいパイプ椅子に腰をかけます。

油にまみれた割り箸容器に、カラカラと音を立てる水の入ったピッチャー。シャピシャピと聞こえるやさしい湯きりの音。黙々とラーメンを作り続ける店主の背中。子どもながらに寡黙に働く人間の姿に魅力を感じました。

僕はここで食べた味噌ラーメンの虜になりました。思い出すだけで幸せになれます。ピリ辛のスープに浮かぶ四角いザクザクとした食感の玉ねぎ。シャキシャキのもやし。その上にのるニンニクのすりおろし。にんにくは全部スープに溶かさずにゆっくりと沈めていくのがポイントです。味の変化を楽しむのです。

本当にこの一口目は天にも昇るおいしさでした。

もやしの下を箸で覗くと現れるモッチモチ、チュルッチュルの多加水麺。ちぢれた麺がスクリューのようにスープを絡み上げます。

熱々の麺を吸い上げると、はねたスープが目に入って染みました。身体が温まって冬なのにおでこには汗が滲みました。

店内にお客さんはいますが、誰一人無駄話はしていません。みんな空腹を満たしてくれる1杯を待つだけで胸がいっぱいだったんでしょう。テレビの音だけが響きます。みんな目の前のラーメンをとにかくすすっています。貴重な昼休みの時間をみんな昭和軒に捧げているのです。そして胃袋に幸せを詰めてそのその帰って行きます。無口な店主においしかったよと声をかけて帰る人もいる。そんな声を聞いてこっちまで嬉しくなりました。

18歳で東京に出ました。一人暮らしに慣れてきたころ、ふと考えました。昭和軒のおじさん元気かな？　まさかもうやってないだろうな。多分もう行くこともないかもな。

37歳になりました。またふと考えました。いやーまさかやってるはずないよな、25年ぐらい前のことだもんな、と思いつつ「昭和軒」とネットで検索してみると、驚くことにまだやっていました。場所は変わっていますがたしかに昭和軒がまだありました。

しまっていた冬物のコートのポケットから、忘れていた5000円札が出てきたような気分でした。

25年ぶりに家族全員で正月に昭和軒に行きました。父、母、姉夫婦とその子どもたちも。店主は85歳でまだ現役でした。少し肥えておられましたが手つきは当時のキレを保っていて味も変わっていません。むしろもっとおいしくなっていたように感じます。85歳でもまだ伸びしろがあるのかと驚愕しました。

僕は涙ぐみながら大切に味わい、奇跡体験！アンビリバボーのように、

「当時のことを覚えていますか？」

と質問しました。

もうちょっと間を空けてもいいいんじゃないか？　と思うぐらい間髪をいれずに、

「覚えてないなあ。」

と返され会話は終わりました。

ラーメンを食べて記念写真を撮って帰りました。

店内は相変わらず静かで、テレビの音だけが響いていました。
また食べたくなってきました。

息子と2人でドジャースタジアムへ

夢が叶っていく。夢が叶っている最中。

これは、芸人として日々を送っている中、お仕事をいただける喜びを忘れかけると、決まって心の中で唱える僕のおまじないです。

中学1年生で、夢のまた夢のまた夢のプロ野球選手をあきらめてお笑い芸人を志した僕は、見たことのない土地や景色や国に想いを張り巡らせていました。まだ自分の知らない世界がある。そこでは自分のまったく知らない人たちがまったく別の生活を営んでいる。そう思うととてつもなくワクワクしたのです。

そして今、僕は息子と飛行機に乗っています。行き先はロサンゼルス。かっけえ。

ジュージュー喚くステーキやチーズがとろけだすハンバーガー、バカでかいコーラ。高い天井に広い庭。独り言をぶつぶつ言いながらフードをかぶって歩く人。なにもかもスケールのでかいアメリカに30歳ぐらいから漠然とした憧れを抱いていました。アメリカ憧れはじめが人生のド中盤にやってきたのです。

そのアメリカに息子と行くのです。しかも自分で取ったエアーチケットです。CAさんとは片言ですが英語でなんとか会話をします。機内食が届きました。見た目は、「泡盛を飲んだおばあちゃんがベロベロで盛り付けた残り物弁当」と言ったところですが、これからの楽しい旅のことを考えるとじゅうぶん食欲をそそりました。喜びながら息子と目を合わせました。

うーん。夢が叶っています。このような瞬間をずっと願って生きてきました。今回のいちばんの目的は、大谷選手の移籍が決まったドジャースの本拠地をこの目で見ること。それだけでじゅうぶんです。隣の息子は、大谷さんに会えるかなとニコニコしています。いつも、願えば夢は叶うと息子に教え続けてきましたが、「さすがにそれは無理だよ」と鼻で笑って睡眠態勢に入りました。

大人の僕はオフシーズンの球場に選手がいるはずないと思っています。なにも知らない息子は毎日ずっと球場に選手がいると思っています。選手に会えると思っています。寝息をたてて涎を垂らす息子のその顔がとても愛おしかった。


飛行機の着地音に乱暴に起こされました。空港を出た途端、ようこそと言わんばかりにロサンゼルスの生暖かい風が全身を包んでくれました。とうとう来たぞと思いました。今も、この瞬間も、夢が叶っていると感じました。


ドジャースタジアムに向かう前にロサンゼルスの自然博物館で恐竜の化石を見まくりました。

もうそろそろドジャースタジアムに行こうと言っても、息子はまだ恐竜の化石に夢中でもう1周見たいと言います。大人の僕はじっくり1周すればじゅうぶんでした。でもまあ。息子の旅でもあるからとことん付き合おう。

ミュージアムショップで、ツバが恐竜にかじられたデザインの帽子を買うか買わないかで息子と揉めました。粘る息子に根負けし、帽子を買ってあげて、やっと球場に向かいました。

球場に着いたら、一通りおみやげを見て、スタジアムの見学ツアーに参加しました。20ドル払えば途中参加でも見学グループに入れたのです。

しかし、案内をしてくれる方はもちろん英語ガイド。冗談を交えているようで、笑いも起こしていました。

お恥ずかしいのですが、舞い上がった僕は、なんとなくまわりのアメリカ人に合わせて「ふふっひふう」と力無く笑い、「すべての英語の冗談を理解しているぜ」という雰囲気を出すのに必死になってしまいました。とにかくすごかった選手たちのグローブやらバットやらがたくさん並んでいたのに、その光景をひとつも覚えていません。

それは突然でした。ガイドの人に「ジャパン?」ときかれたのです。咄嗟に出た僕の英語の返事は「ヘイ」でした。江戸とアメリカがちょうどいいバランスで混ざった返事でした。

結果的にほんの少し先に始まっていた日本人グループの見学ツアーまで連れて行ってもらえました。こうやって日本人ツアーにまざっていなかったらどうなっていたでしょう……。

一安心した僕は日本人グループと一緒にエレベーターで別の階へ行きました。エレベーターを降りると、その階にもさまざまなトロフィーが飾ってあります。ツアー客は各々自由に見て回っていました。

そのとき、ザワザワしていたツアーの人たちがなぜか静まったのです。なんとなんとあの大谷選手が僕たちの間を通り抜けエレベーターに小走りで乗って行ったからでした。

ほんの一瞬。すごいタイミング!!

ええええええっ!!　マジで!?　っていう言葉も出なかった。

見れた!!　球場にはいないよなんて鼻で笑ってしまった息子に額をこすりつけて謝りたい!!

顔も見ました。でかい背中も見ました。口を開いた息子の息は止まり、シンプソンズの静止画みたいな顔をしていました。僕はなぜか涙が出ました。カメラに収める時間などなかったので僕と息子は、自分たちの眼球に少しでも焼き付けようとしました。

それにしてもすごかった。これまでを振り返ってみましょう。

ロサンゼルスに行きます。恐竜博物館に行きます。息子のためにも球場に行きたいというはやる気持ちを抑えて、広くて見応えがありすぎるその博物館を2周ぐらいします。帽子を買うか買わないかで揉めます。長めの小便をします。

この時間、すべてひとつでも狂えばあの瞬間には立ち会えなかったのです。

夢は願えば叶うんだよ、と息子に教えられました。

あばれる家の日常⑨

ロサンゼルスドジャースタジアム。
テレビでしか見たことのない場所。
大谷さんに会えたらいいなと子どもと話す。

中でエレベーターに乗ろうとする
大谷さんに会う。
泣いた。

ポケモンカードで泣ける人生

ポケモンには、「カードゲーム部門」「ゲーム部門」「ポケモンユナイト部門」「ポケモンGO部門」に分かれて大規模な大会があります。その中でも入賞すれば世界大会出場に直結する「ポケモンジャパンチャンピオンシップス2023　カードゲーム部門」に招待選手としてお呼びいただきました。

5000人の選手が参加する緊迫した大会です。お祭り気分で行くと圧倒されます。しかも招待選手は配信卓というステージに呼ばれ、全世界に自分の試合が生放送されます。大仕事です。

ポケモンカードとの出会いは小学4年生でした。街のおもちゃ屋で週末にポケモンカードの大会があり、そこに出るようになったのがきっかけです。

僕は2回優勝しました。優勝すると、小さいカップにチョコレートなどのお菓子を詰めてもらえる権利が与えられます。

決勝戦を見届けなかった店長に優勝したことを報告に行くと、「新規のお客さんを呼びたいがための大会なのに、また同じやつが優勝したなあ」という顔色が見え隠れしていました。

相手の心理を読むことが必須のカードゲームのおかげで、相手の顔色で手札(胸の内)がわかるのです。だから僕は、引け目を感じてカップにパンパンにはチョコレートを詰めることができませんでした。

そのころから考えるともう約27年。大人になって規模が桁違いの大会に出場するなんて夢のようでした。

やるからには絶対に勝つ。おもちゃ屋の優勝体験と店長の青ヒゲが蘇ってきました。

そしてなにより、優勝していい感じでネットニュースになりたい。

そんないやらしい思いが僕を駆り立てました。

ポケカは自分の考え方やプレイスタイルに合う60枚のカードデッキを選び挑みます。本番までは、もう1人の招待選手だった栗原類くんとそのお友達とたくさんの練習試合をしました。

僕は練習で負けまくりました。まわりの仲間に「もう負けるの見たくない」「つらい」と言わせるぐらいの連敗でした。背中でその声を聞きながら自分の親指のささくれをむしりました。

そのとき、不意に仲間がおすすめのデッキを貸してくれました。

「駆け引きとかいらないよ。なにも考えなくていいデッキだよ。」

仲間は言いました。僕を思いやって、攻撃だけで突き進む重戦車のようなデッキをおすすめしてくれたのです。駆け引きや心理戦の要素を削いで調整されたデッキは、猛烈に自分に合っていました。それは伝説のポケモン「キュレム」が入ったカードデッキでした。

当日の会場は広い空間と高い天井で作られた独特のザワザワとした雰囲気がありました。僕は1戦目も2戦目も3戦目も負けて予選落ちでした。予選落ちが確定した途端、涙が溢れてきました。悔しさもありましたが、大会から解放された安心感が大きかったかもしれません。それほどまでに僕は、真剣勝負で挑んでいたのです。

36歳になってもポケカで泣けるなんて幸せな人生だと自負しています。

自分のお笑いはこれだ!!

身体を張って挑むロケがとても多い。特にサバイバルのロケでは、本当に身の危険を感じるときが何度もあります。

本当に怖くて危険だったもののひとつが、ツムギアリであります。その名の通り、葉と葉を紡いで巣を作るアリです。そのアゴはとても強靱でものすごい攻撃力を持っています。しかも動きが素早く、隣同士で生えている木と木が、枝1本でも触れ合っていると、その枝をつたって反対側に行き勢力を拡大してきます。とにかく渡ってきます。

お笑い芸人の僕にとって、蟻だけに、リアリーデンジャラスでありながらリアリービッグチャンスでもありました。そこらじゅうに、ソフトボールぐらいの大きさの巣が僕の目線の高さの木にたくさんついています。僕は危険だから早く通り過ぎようと提案します。

カメラを構えていたディレクターさんは、動こうとしません。目が、「海外まで来ていて、予算がかかってるんでアリに突撃しましょう」と物語っていました。

確かにその通りです。

「その考え……。アリッちゃアリですね。」

強がるのが精一杯でした。

僕は頭を巣につけてツムギアリの巣の作り方を長々と語るというボケをしました。

数秒後、背中が燃えるように熱くなりました。

「アチいいいいいい!!!」

タンクトップを脱ぎ捨てると背中には何十匹ものツムギアリが噛みついていたのです。

ディレクターの目は、「できる限り長く撮らせてほしい!!　あんまり動かないでください!!」と物語っていました。

腕も熱いです。何匹ものツムギアリがいました。中には強く噛みすぎてアゴが深く入ってしまい、離れたいのに離れられないっぽいアリもいました。なんだコイツと思いました。

我慢の限界を超えアリを手で振り払うと、ディレクターさんは笑いながら「もういっちょいきましょう」という目をしていました。

そのとき、僕も芸人として役に立てている喜びが溢れていました!

自分の笑いはこれだ!!

気づけば、顔面から巣に向かっている自分がいました。

海に美しい「アリエル」がいるのなら、僕はジャングルの「蟻れる」。「蟻れる君」です。

タンクトップとズボンの中に隠れたたくさんのアリたちが30秒おきぐらいに時間差

で嚙んでくるという恐怖のズボンが完成しました。芸人としての達成感がアリの嚙み跡から満ち溢れました。

帰りの飛行機は安堵感と共に泥のように眠りました。

息子のようすがおかしい

息子がいつもより早くケロッと起きてきた。ニヤニヤしていつもより明らかに上機嫌でした。朝食もいつもより勢いよくかきこみ、リビングを跳ねながらチ○ポコとキ○タマのオリジナルソングを大声で歌っていました。

なんにせよ上機嫌なのは良いことです。僕はしばらくは泳がせましたが、何度もループする即興の下品な歌詞に耐えられなくなった奥さんがきっちりキレていました。

静かになったら今度はクシで髪をとかし始めました。珍しいなと思って見ていました。

普段使わないからでしょう、クシの扱いが不慣れです。思わず髪をとかすのを手伝いました。もし僕だったらしたかった髪の毛の流し方をクシで癖づけました。顔を覗き込むと凜とすましています。いつもは用意してもらう靴下も、自分で選んでいます。

いつもとはようすが違う息子を不思議に思いながら、僕は先に家を出ました。エレベーターで上の階に住んでいる同じ小学校の女の子と一緒になりました。その女の子は用事があるから学校に早めに行くと言っていました。手にはチョコレートの小さい袋を持っています。ようやく今日はバレンタインデーだと気づきました。

息子のキッズ携帯にショートメールを送りました。

「今日はバレンタインだからチョコもらえるといいね。」

すぐに返事がきました。

「がっこうにチョコもってきちゃだめなんだよ。」

文字が照れているように見えました。

福島のおじさんが教えてくれた

能登半島地震で被災された方々に心よりお見舞い申し上げます。

そして僕も、2011年の東日本大震災を思い出します。

その日、オーディションが終わって最寄り駅のトイレに寄っているとなぜか立ちくらみがしました。全校朝礼でも絶対に倒れたことのない僕は、はじめての経験に焦りを感じました。とにかく仮に倒れても人に見つけてもらえるようにしようとトイレを飛び出しました。

目に入ってきたのは、ギシギシと風で揺れる竹のようにやんわりしなっていた駅の太い柱と、そのゆれる柱に掃除のおばさんがしがみついている光景でした。

脳がその光景を理解するのに2、3秒ぐらいかかったかもしれません。そこで気づきました。揺れているのは僕ではなく駅だということにです。

駅を飛び出すと悲鳴をあげたり倒れ込んだりしている人がたくさんいました。

まわりの建物を見ると縦やら横やらに揺れていました。恐怖で座り込んでいる人を巨大なモンスターがガッハッハと笑っているようにも見えました。

福島にいる実家の家族とは、2日ほど経って連絡が取れました。

警察官の僕のおじさんが、津波が押し寄せた双葉町に勤務していました。夜勤明けで休んでいたおじさんは、混乱した街に非常事態で出動したまま帰ってきていないという報告を受けました。

そしてその日から48日後、行方不明になっていたおじさんが見つかりました。避難誘導の際、津波から逃げる仲間の最後尾を守り、間に合わなかったと聞きました。独身だったおじさんは家族のいる人や若い人を先に逃したのかなと勝手に想像してしまいます。

おじさんが体を張って「今、今日、無事に生きていること」に感謝するという当たり前のことを僕に教えてくれました。日に日にその気持ちが強くなります。結婚し、人の親になり、「今、無事に生きていること」のありがたさが、より一層身に沁みます。

逃避、葛藤、そして再開 気象予報士試験⑤

1回目の気象予報士試験が終わってからというもの、勉強ノートはずっと閉じたままでした。それはそれは重い扉のような、開けたらギシギシ音を立ててなかなか元に戻せないような、そんなイメージを勉強ノートに抱いてしまったのです。

普通の仕事もあるので、いったん勉強から離れたかったのが本音でした。後回しになって溜まっていた宿題的な仕事をこなしているうちに勉強に時間を割くのが億劫になっていました。

半年後の試験は見送ろう。そう妥協した瞬間、背中が少し軽くなりました。

これでいいのかな、という気持ちがないわけではありません。

（せっかく半年間勉強したのに。）
（知識がゆっくり抜けていく。）
（お天気お兄さんの夢が遠のいていく。）
（もったいねぇ。）

毎日心のどこかにそんな思いがありました。

（やっぱりやろうかな。ゆっくりでいいからやろうかな。）

一度覚えた知識は呼び起こされやすいはずですし、まわりの気象予報士試験に受かった人だって何回もチャレンジして合格を勝ち取っているのです。

（ゆっくりじっくりやろう。）

（半年で受かってやるとかじゃなくて階段を一歩一歩上がろう。）

世界遺産検定1級に合格したときだって、お笑いだって、粘り強く一歩一歩やってきたのです。

ギギギィィィと重い扉を開きました。必死に解き続けた過去問の文字跡がまぶたを殴ってきました。

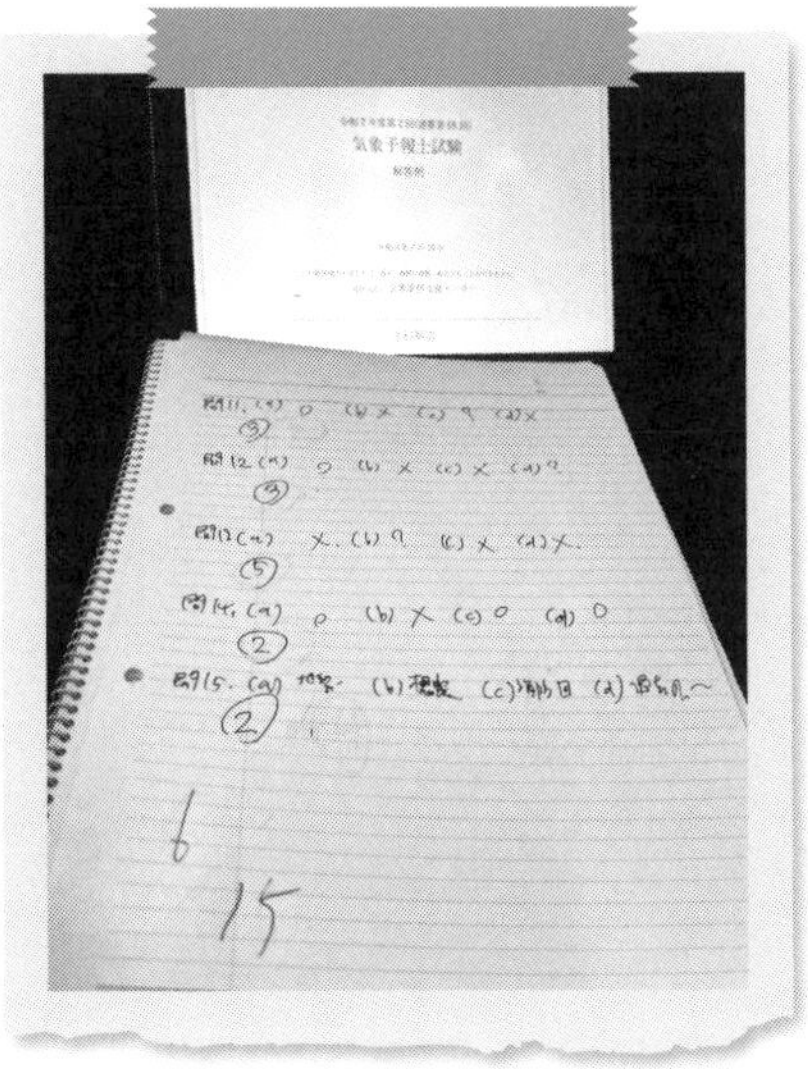

今の僕の生きがい

このエッセイを書いている2024年3月現在、長男は7歳、次男は2歳。子どもが大きくなるのはあっというまです。

子どもが生まれてから、僕の生活リズムは朝型に変わりました。それまでは深夜の暴飲暴食にゲーム、動画ざんまい。今は夜10時には寝て朝5時に起きて子どもと野球の練習へ行きます。深い時間に物を食べたり飲んだりすると眠りも浅くなるので夕食の時間も安定してきました。

すると毎日、1日1日が心から大切に思えてきました。

子どもが生まれる前は、自分自身を世に知らしめることが最大の目標で、自分の好きなことで時間を埋めていくことしか頭になかった。今は、大袈裟だけど残された寿命でどれだけ子どもと一緒に楽しい時間を共有できるか、感動を一緒に味わえるかが生きがいです。昨日の朝とは違う寝癖の角度に笑ったり、話せる言葉が増えたり、おいしいものを一緒に食べたり。

生まれてきてくれてありがとうとか、お前は宝物だよ、とお母さんによく声をかけてもらいましたが、多分今の僕と同じような気持ちだったんだろうなと思います。兄弟で、キャンプとか旅館とか遊園地とか、いろんなところに連れていきたい。僕が経験して乗り越えてきたピンチの乗り切り方もできる限り伝えたい。

そんなことを笑いながら夜な夜な奥さんと話しています。奥さんのお腹がまた大きくなってきました。

あばれる家の日常⑩

家族で公園。
ずっとずっとこの幸せが続いてほしい。
毎日がありがたい。

おわりに

一人暮らしのときは家族の大切さなど考えたこともありませんでした。

大都会で自分を保つのが精一杯で、自分をどれだけ大きく見せられるかが勝負でした。お笑い芸人になって有名になって目立ちたい、それ以外に興味を持てなかったのです。むしろ、家族や恋人をないがしろにするほうがかっこいいし、芸人らしいのではないかとさえ考えていたのです。

しかし、考え方は変わるものですね。自分以外興味のなかった人間が他人の子どもまで愛おしくなってきたのです。そんな人間的な思いやりを教えてくれたのは家族でした。

子どもたちとお風呂に入っているとき、キャッチボールをしているとき、お菓子を買いに家族4人でスーパーに行くとき。自分がいちばん幸せな時間は家族といるときだと気づきました。

なぜ人間は働き続けるのか？　などと難しいことを考えたこともあります。でも「家族のため」という答えに行き着いてからは生き方がシンプルになり、気持ちも楽になりました。牛のゲップを吸うロケがあっても、子どものため、家族のためと考えればかなり余裕でした。

結婚してから、そして子どもが生まれてから、次はどのフェーズでどんなふうに考え方が成長するのか自分でも楽しみです。このエッセイを通して、みなさまと家族を大切にする気持ちを共有できたら嬉しいです。

さかのぼれば人間は家族として集団になることで狩猟の技術や採集の知恵が受け継がれ、食料を確保することができ、野生動物の危険から身を守ることができて、今に命が繋がっていると思います。自分はそう思います!!

世界と繋がっていることがウリの現代ですが、これからの未来ある人たちには身近な繋がりをもっともっと大切にしてほしいです。実際に家族や大切な人と過ごす時間は、ネットの中よりもゆっくり進みます。なおかつ濃密で有益です。

最後に僕から言葉を贈ります。

〝1つの「イイね」より、家族1人の「笑顔」〟

〝Facebookより、Face to Face〟

〝インスタグラムのストーリーズは一瞬。家族のストーリーは一生〟

今考えた言葉です。

みなさまの人生が素晴らしい思い出で埋め尽くされますように、そして、この本が少しでもそのお役に立てたら嬉しいです。お付き合いいただき、ありがとうございました。

２０２４年５月吉日

あばれる君

本書は書き下ろしです。

あばれる君

1986年9月25日生まれ。福島県出身。ワタナベコメディスクールに9期生として入学し、2009年にデビュー。2010年に「めちゃ×2イケてるッ！」（フジテレビ系）の新メンバーオーディションで3次選考まで進み、その一生懸命なキャラクターで注目を集める。2015年2月には「R-1ぐらんぷり2015」決勝に進出。2020年5月より自身のYouTubeチャンネルでポケットモンスターのゲーム実況を開始。プレイ画面に自分の顔だけ浮かび上がらせるという特異な実況スタイルで話題を呼ぶ。高校時代は山岳部でインターハイ出場。大学在学中に中学社会科と高校世界史の教員免許を取得。2022年には合格率30％の世界遺産検定1級に合格。現在は気象予報士試験合格に向けて奮闘中。妻ゆかちゃんと2人の息子との4人暮らし。

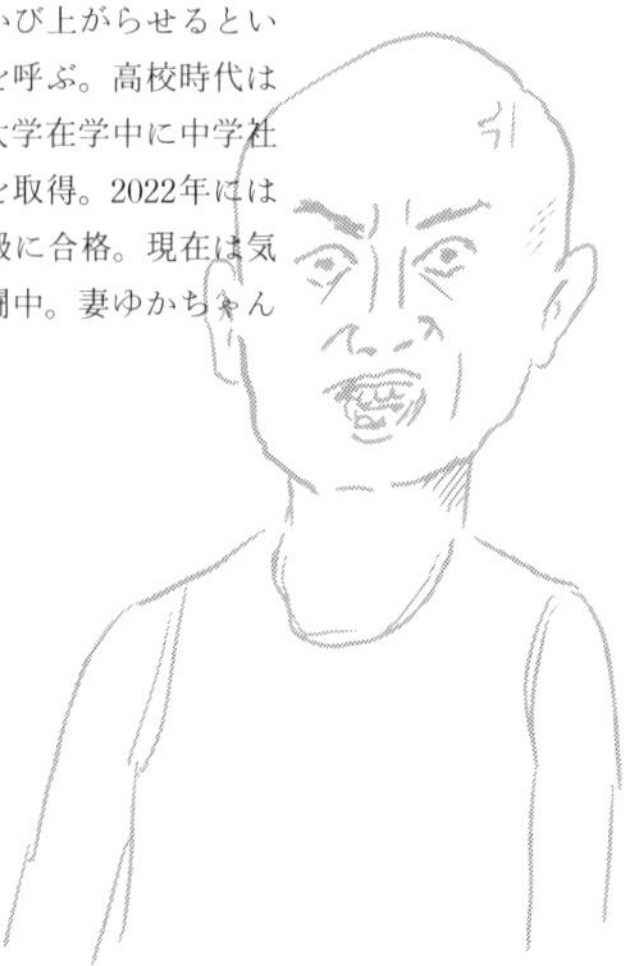

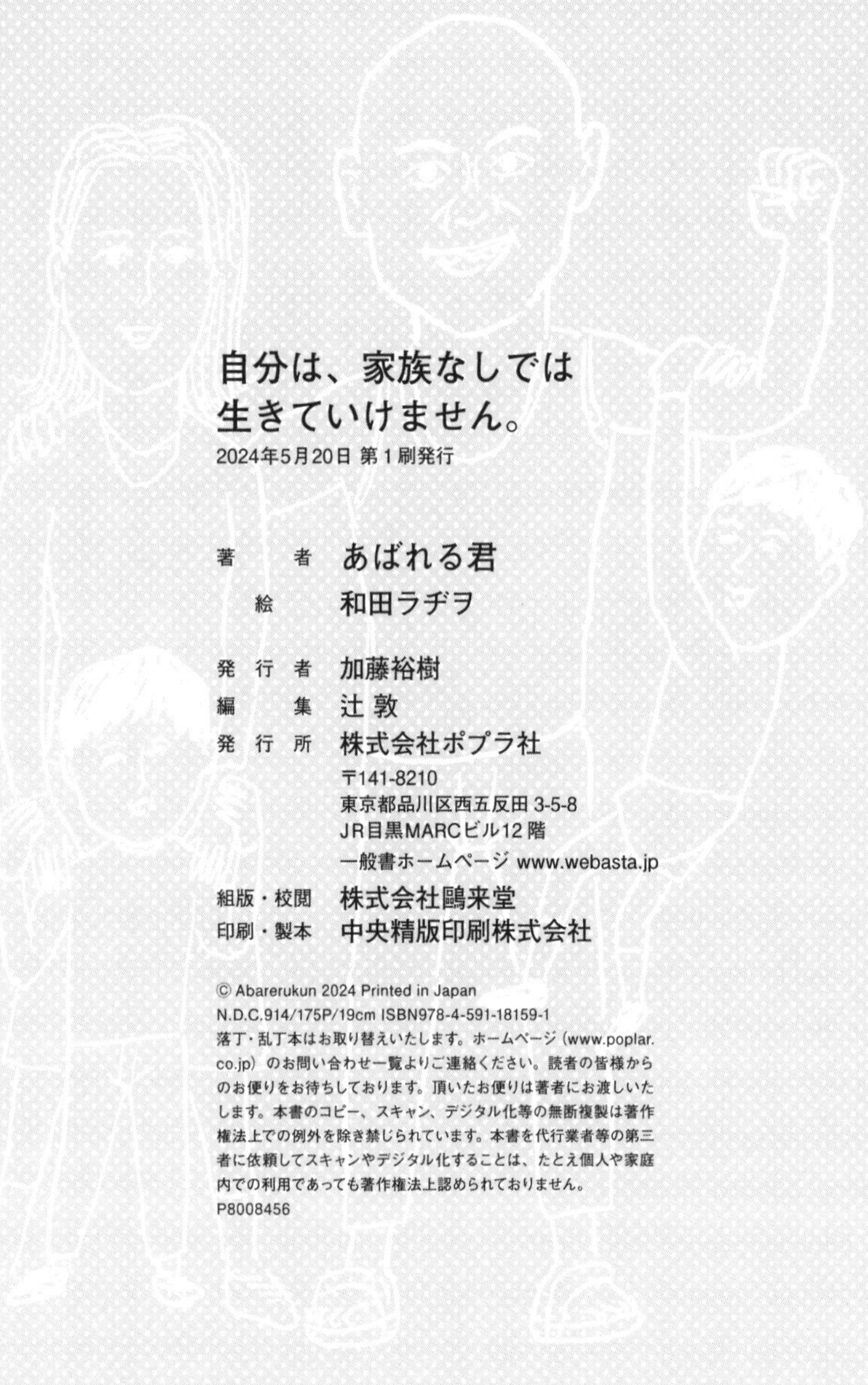

自分は、家族なしでは生きていけません。

2024年5月20日 第1刷発行

著　　者　あばれる君
絵　和田ラヂヲ

発 行 者　加藤裕樹
編　　集　辻 敦
発 行 所　株式会社ポプラ社
〒141-8210
東京都品川区西五反田 3-5-8
JR目黒MARCビル12階
一般書ホームページ www.webasta.jp
組版・校閲　株式会社鷗来堂
印刷・製本　中央精版印刷株式会社

N.D.C.914/175P/19cm ISBN978-4-591-18159-1

P8008456